# LA MORT
# EST UNE QUESTION VITALE

# ELISABETH KÜBLER-ROSS

# LA MORT
# EST UNE QUESTION
# VITALE

### L'accompagnement des mourants
### pour changer la vie

**ALBIN MICHEL**

Titre original :

*DEATH IS OF VITAL IMPORTANCE*

Traduit de l'américain
par ZÉNO BIANU

© 1995 by Elisabeth Kübler-Ross, M.D.
Première édition :
Station Hill Press, Barrytown, New York, USA

*Traduction française :*

© Éditions Albin Michel, S.A., 1996
ISBN 2-266-08028-8

# La mort est une question vitale

Je suis née en Suisse dans une famille typiquement suisse, très économe et plutôt autoritaire, très... antilibérale, dirons-nous. Nous avions tout ce que nous pouvions souhaiter et nos parents nous aimaient tendrement.

Pourtant, je n'étais pas une enfant « désirée ». Non que mes parents n'eussent pas voulu de moi. Assurément, ils voulaient une fille, mais une fille bien portante de cinq kilos. Ils ne s'attendaient certes pas à avoir des triplées, et quand je suis venue au monde, je ne pesais qu'un kilo. J'étais chauve et fort laide — une affreuse et terrible déconvenue pour mes parents.

Un quart d'heure plus tard naquit une seconde fille, et après un autre quart d'heure, une troisième (celle-là pesant trois kilos cinq cents !). *Alors,* mes parents furent très heureux. Je crois toutefois qu'ils auraient bien aimé se débarrasser de deux d'entre nous.

Telle est ma tragédie — je suis née triplée. La plus épouvantable des tragédies, et je ne la souhaite pas à mon pire ennemi. Etre élevée comme une triplée est une chose assez particulière : vous pouvez littéralement tomber morte, personne ne s'en apercevra. Il me faudrait une vie entière, me semblait-il, pour prouver que ce tout petit rien d'un kilo — c'est-à-dire moi — valait quelque chose. Et je devrais travailler très dur pour cela, tout comme ces aveugles qui se croient obligés de s'appliquer dix fois plus pour conserver leur emploi. Oui, je devrais vraiment prouver que je méritais d'exister.

Sans doute fallait-il que je naisse et que je sois élevée ainsi pour accomplir ce que je devais accomplir. Mais il m'a fallu cinquante ans pour le comprendre. Cinquante ans pour me rendre compte qu'il n'y a pas de coïncidences dans la vie, pas même les circonstances de notre naissance, et que ce que nous considérons comme des tragédies ne le sont que parce que nous choisissons de les voir ainsi. Ces tragédies, nous pouvons également les accepter comme de nouvelles chances, de nouvelles possibilités de croissance, jusqu'à comprendre enfin qu'elles sont les signes et les défis dont nous avons besoin pour transformer notre vie.

Lorsqu'on parvient à la fin de son existence et que l'on regarde en arrière, non pas les instants heureux mais les moments durs, les tempêtes de la vie, on découvre que ce sont ces moments-là qui ont fait de nous ce que nous sommes. Vous savez, c'est un peu comme si l'on vous mettait dans une machine à tambour. Soit vous en sortez en morceaux, soit impeccablement poli — cela ne dépend que de vous.

Etre une triplée est un défi de ce genre. Durant des années et des années, j'ai été pleinement consciente du fait que ma propre mère et mon propre père ne savaient pas s'ils s'adressaient à moi ou à ma sœur, que mes professeurs, ne sachant jamais laquelle de nous méritait un vingt ou un zéro, nous donnaient toujours un dix, etc.

Un jour, l'une de mes sœurs a eu son premier rendez-vous. Elle était amoureuse, comme peut l'être une jeune fille de son âge. Mais, la deuxième fois qu'elle fut invitée, elle tomba malade et dut rester au lit. La pauvre en avait le cœur brisé. Elle était si malheureuse que j'ai fini par lui dire : « Ne t'inquiète pas, si tu ne peux vraiment pas y aller, si tu penses qu'il va te quitter, je prendrai ta place *(rires dans le public)*. Et il ne verra aucune différence. »

Je l'ai questionnée sur le degré d'intimité de leurs rapports. Puis je suis allée au rendez-vous à sa place. Et son petit ami ne s'est aperçu de rien *(rires)*.

Avec le recul, on peut trouver cette histoire drôle. Mais pour une adolescente comme moi, elle était tout bonnement tragique — imaginez que vous aimiez quelqu'un, que vous sortiez avec lui, et que, malgré cela, vous soyez *totalement,* complètement et absolument « remplaçable ». Parfois, il m'arrivait même de me demander si je n'étais pas ma propre sœur.

Cette leçon que me donnait la vie, je l'ai heureusement apprise très tôt. Ainsi, après cet épisode tragi-comique avec le petit ami de ma sœur, j'ai fait probablement le choix le plus difficile de toute mon existence : quitter la Suisse, quitter ma famille, quitter la sécurité de mon foyer. Je suis partie voyager dans l'Europe d'après-guerre — en passant du reste par la Suède où j'ai dirigé quelques ateliers.

## Maidanek

Et je me suis retrouvée à Maidanek, en Pologne, dans un camp de concentration, où j'ai vu des trains remplis de chaussures d'enfants morts, des trains remplis de cheveux humains. Lire cela dans un livre est une chose, mais le voir — voir les fours crématoires et en sentir l'odeur avec son propre nez — en est une autre, complètement différente.

J'avais dix-neuf ans et je venais d'un pays tranquille, d'un pays sans bouleversements. Nous ne connaissions ni les problèmes raciaux ni la pauvreté. Nous n'avions pas eu une seule guerre pendant sept cent soixante ans. Je ne savais rien de la vie. Et en ce lieu, brusquement, je fus submergée par tous les orages de l'existence. Après une telle expérience, on n'est plus jamais la même personne. Oui, je bénis ce jour. Sans une telle épreuve, je ne serais pas devenue ce que je suis.

Et je me demandais : comment des adultes, des hommes et des femmes comme vous et moi, peuvent tuer 960 000 enfants innocents — et dans le même temps, s'inquiéter pour leurs propres gosses lorsque ceux-ci attrapent la varicelle ?

Ensuite, je suis allée dans les baraquements où ces enfants avaient passé leur dernière nuit, sans savoir ce qui me conduisait — à la recherche, je crois, de messages ou de signes témoignant de leur comportement face à la mort. Ils avaient griffonné des symboles sur les murs avec leurs ongles, un morceau de pierre ou de la craie — et le plus fréquent de ces symboles était le papillon.

J'ai vu ces papillons. J'étais très jeune, ignorante de tout. Je ne comprenais pas pourquoi des enfants de cinq, six, sept, huit ou neuf ans arrachés à leurs maisons, à leurs parents, à la sécurité de leurs foyers et de leurs écoles, emportés dans des wagons à bestiaux jusqu'à Auschwitz, Buchenwald et Maidanek, oui, pourquoi ces enfants voyaient des papillons. Il m'a fallu un quart de siècle pour trouver la réponse.

Maidanek fut le fondement de mon travail.

C'est là que j'ai rencontré une jeune juive qui avait décidé de rester sur les lieux. Et je ne parvenais pas à me l'expliquer. Elle avait perdu ses parents, ses grands-parents et tous ses frères et sœurs dans la chambre à gaz du camp. Celle-ci avait été si remplie qu'ils n'avaient pu y faire entrer une personne de plus — ce qui lui avait sauvé la vie.

Horrifiée, je lui ai demandé : « Que fais-tu donc ici, mon Dieu ? Pourquoi restes-tu dans ce lieu inhumain ? » Et elle m'a répondu : « Durant les dernières semaines passées au camp, je m'étais fait le serment de survivre pour raconter au monde les atrocités des nazis. Puis les soldats sont venus nous libérer. Je les ai regardés et je me suis dit : "Non, si j'agis ainsi, je ne serais pas meilleure qu'Hitler lui-même." Je ne ferais que semer encore plus de haine dans ce monde. En revanche, si je crois du plus profond de moi-même que nous ne recevons que ce que nous pouvons supporter et que nous ne sommes jamais seuls, si je puis accepter la tragédie de Maidanek sans en faire une obsession, si je suis capable de changer une seule vie humaine, de transformer la haine, la vengeance et l'amertume en amour, en souci de l'autre et en compassion, alors cela vaut la peine de survivre. »

La négativité, qui se nourrit de la seule négativité, se développe toujours comme un cancer. Mais nous pouvons aussi accepter les épreuves du passé comme une triste et terrible réalité, une réalité évanouie, enfuie, et qui ne saurait être changée. Et tel avait été son choix.

Il est une chose, en effet, qu'elle avait eu la *possibilité* de changer — sa façon d'agir, de voir le monde après une telle épreuve. C'est pourquoi elle avait décidé de demeurer dans ce lieu épouvantable.

Nous sommes allées toutes les deux voir les baraquements. Nous y avons découvert les papillons. Et nous avons commencé à parler comme les deux jeunes femmes que nous étions. A philosopher sur la vie et sur la mort. Et à un moment, elle m'a dit : « Ne crois-tu pas, Elisabeth, qu'il y a un Hitler en chacun de nous ? » Certes, nous étions jeunes, mais nous avions néanmoins, elle et moi, compris une chose : nous devons avoir le courage — et cela ne dépend que de nous — de considérer notre propre négativité, notre part obscure, si nous voulons trouver l'amour et la compassion. Car chacun de nous peut *aussi* devenir une Mère Teresa.

Nous nous sommes séparées. Je suis revenue en Suisse, où j'ai fait mes études de médecine. Je rêvais d'aller quelque part en Afrique ou en Inde, et de devenir un nouveau docteur Schweitzer. Mais deux semaines avant mon départ prévu pour l'Inde, on m'informa que le projet était tombé à l'eau. Au lieu des jungles indiennes, j'ai fini dans celles de Brooklyn. Je me suis en effet mariée à un Américain, lequel m'a emmenée vivre dans l'endroit qui figurait en premier sur ma liste des lieux les plus détestés : New York, la plus grande jungle du monde. J'étais *très* malheureuse.

En tant qu'étranger, il est difficile de trouver une bonne place d'interne à New York — surtout au mois de juin. Ainsi, je me suis retrouvée au Manhattan State Hospital où j'ai dû m'occuper de schizophrènes chroniques et incurables. J'avais du mal à comprendre leur anglais. En fait, ils parlaient schizophrénien, ce qui pour moi équivalait à du chinois. Je n'avais pas la moindre formation en psychiatrie. J'étais certes un bon médecin de campagne, mais pas un psychiatre.

Complètement ignorante dans ce domaine, seule, misérable et malheureuse — et de surcroît, incapable de faire de la peine à mon jeune mari —, je me suis ouverte à mes patients. Je me suis identifiée à leur misère, à leur solitude et à leur désespoir.

Et brusquement, ces patients ont commencé à parler. Des gens qui n'avaient pas parlé depuis vingt ans ont commencé à s'exprimer et à partager leur expérience. Brusquement, je compris que je n'étais pas seule dans ma misère, car *ma* misère n'était rien au regard de la vie quotidienne dans un hôpital d'Etat. Durant deux ans — ma seule occupation ! —, j'ai vécu et travaillé avec ces malades, célébrant avec eux Noël, Pâques ou Hanoukka, partageant leur solitude, sans connaître grand-chose à la psychiatrie théorique. Certes, j'avais du mal à comprendre leur anglais, mais nous nous aimions. Nous nous aimions vraiment.

Et j'ai commencé à les écouter. Non pas leurs mots, mais leur langage symbolique, non verbal. Alors, je me suis rendu compte que les deux seules choses qui les faisaient réagir comme de véritables êtres humains — deux choses fort nuisibles du reste, mais profondément humaines — étaient les cigarettes et le Coca-Cola.

Lorsqu'on leur donnait des cigarettes et du Coca, ils montraient effectivement un comportement humain. Nombre d'entre eux — précisons-le — avaient été enfermés dans cet hôpital, plus maltraités encore que des animaux, pendant plus de vingt ans.

Et moi aussi, je les ai maltraités — à ma manière. A nouveau, je devais faire un choix. J'ai donc décidé de leur supprimer les cigarettes et le Coca. Et ce ne fut pas une chose facile, car je suis d'un tempérament plutôt doux. S'ils voulaient apprendre le respect de soi, leur ai-je expliqué, retrouver un certain degré de dignité et redevenir des êtres humains, ils devaient *mériter* leurs « indemnités ».

Et en moins d'une semaine, ces patients, auparavant incapables de réagir à quoi que ce soit, se sont fait beaux. Ils se sont soigneusement peignés, ils ont ciré leurs chaussures et ils ont fait la queue pour aller travailler à l'atelier afin de « gagner » leurs cigarettes et leur Coca.

Voilà le genre de choses — toutes simples — que nous faisions. J'aimais vraiment ces gens, car moi aussi je savais ce que c'était que d'avoir tout et de n'être rien. Elevée comme une triplée au sein d'une famille cossue qui m'avait choyée, j'avais eu tout ce que je voulais. Et pourtant, personne ne m'avait considérée comme un être humain à part entière.

Ainsi, au lieu de parler du schizophrène de la chambre dix-sept ou du maniaco-dépressif de la chambre cinquante-trois, j'appellais ces gens par leur nom, je connaissais leurs particularités, leurs sympathies et leurs antipathies. Et c'est pourquoi ils ont accepté de me répondre.

Deux ans plus tard, nous avons pu renvoyer chez eux quatre-vingt-quatorze pour cent de ces prétendus schizophrènes incurables ; ils suffisaient maintenant à leurs besoins, sans toucher la moindre allocation. Ce fut pour moi une immense fierté.

Ces patients m'ont enseigné — et c'est sans doute le plus beau cadeau qu'ils m'ont fait — qu'il y a toujours quelque chose au-delà des drogues, au-delà des électro-chocs et au-delà même de la médecine. Avec de l'amour et de la compassion, il est réellement possible d'aider nombre de gens et de les rendre heureux.

Ce que j'essaie de vous dire, c'est que le savoir *seul* ne peut aider personne. Si vous ne tablez pas à la fois sur votre tête, votre cœur et votre âme, vous n'aiderez jamais personne. Dans mon travail avec les patients, j'ai appris une chose : qu'il s'agisse de schizophrènes chroniques, d'enfants retardés ou de mourants, tous visent un objectif. Chacun d'entre eux peut non seulement apprendre quelque chose de vous, mais encore vous enseigner quelque chose. Cela vaut pour les bébés handicapés de six mois qui ne parviennent pas à parler comme pour les schizophrènes incurables qui à première vue ont un comportement animal.

## *Le langage symbolique*

J'ai appris auprès de ces schizophrènes — et ce fut là leur deuxième cadeau — un langage qui m'a permis de communiquer avec les enfants mourants. Le langage symbolique, universel, que tous les êtres humains utilisent lorsqu'ils sont en situation de crise. Une personne élevée naturellement — je ne dis pas « normalement », car ce serait antinaturel au possible — ne devrait pas avoir à lire des traités sur la mort et l'agonie pour travailler avec des mourants. Non, elle devrait pouvoir apprendre par elle-même ce qu'elle doit faire comme je l'ai appris au Manhattan State Hospital. Je dis toujours — en ne plaisantant qu'à moitié, car je suis sérieuse sur ce sujet — que les seuls êtres sincères de cette planète sont les psychotiques, les jeunes enfants et les mourants. Et si vous utilisez ces trois classes d'êtres humains — et j'emploie le verbe « utiliser » dans un sens positif —, si vous apprenez à les écouter, à les écouter vraiment, ils vous enseigneront ce que nous appelons le langage symbolique.

Les gens qui souffrent terriblement, qui se trouvent en état de choc, hébétés, submergés par une tragédie qu'ils considèrent comme incompréhensible, insurmontable, usent d'un tel langage. Les enfants agonisants, confrontés à leur mort imminente, l'emploient aussi, même s'ils ne l'ont jamais appris. Le langage symbolique est universel, et chacun l'utilise à travers le monde.

Quel que soit son âge — cinq ou quatre-vingt-quinze

ans —, il n'existe aucun mourant qui ne sache pas qu'il est en train de mourir. Et la vraie question n'est pas « dois-je lui dire qu'il va mourir ? », mais bien « suis-je capable de l'écouter ? ».

Une malade vous confiera par exemple : « Je ne serai pas là pour votre anniversaire en juillet. » Il est nécessaire que vous puissiez accepter de telles paroles sans vous sentir obligé de lui répondre : « Mais non, voyons, ne parlez pas comme ça. Vous allez bientôt vous rétablir », ce qui interromprait aussitôt la communication avec votre patiente. Celle-ci comprendrait en effet que vous n'êtes pas prêt à l'entendre, que vous voulez littéralement la faire taire — et elle se sentirait alors très seule.

Mais si vous n'avez aucune opinion préétablie sur la mort et l'agonie, si vous pouvez accepter le fait que cette femme sache intérieurement qu'elle va mourir, vous vous assiérez auprès d'elle, vous la toucherez et vous lui direz : « Est-ce que je peux vous aider, Mamie ? » — ou quelque chose de ce genre.

Un jour, une adolescente est venue voir sa grand-mère à l'hôpital. La vieille femme a alors ôté sa bague et l'a remise à sa petite-fille sans dire un mot. Langage symbolique, non verbal. Elle l'a simplement passée au doigt de sa petite-fille. Et celle-ci s'est bien gardée de dire : « Mais non, Mamie, c'est impossible. Je sais que tu tiens à cette bague. Je veux que tu la gardes. » Non, elle a seulement demandé : « Tu *me* la donnes vraiment ? » Et la grand-mère a répondu en hochant la tête. Alors la petite-fille a continué : « Pourquoi tu ne... », mais elle s'est interrompue au beau milieu de sa phrase. « Pourquoi tu ne la gardes pas jusqu'à Noël », voulait-elle dire, mais elle a compris en un éclair que sa grand-mère savait qu'elle ne serait plus là à Noël. Et cette dernière était heureuse, formidablement heureuse, car elle avait eu le privilège de lui offrir cette bague. Elle est morte deux jours avant Noël. Voilà une belle démonstration du langage symbolique, non verbal.

Le plus souvent, les patients *refusent* de communiquer clairement. Nombre d'entre eux sentent votre état d'anxiété quand vous leur rendez visite. Aussi commencent-ils à parler du temps ou d'autre chose. Non qu'ils soient intéressés par le temps qu'il fait, bien sûr, mais parce qu'ils devinent votre angoisse et préfèrent en conséquence garder leurs problèmes pour eux. En fait, ils ne veulent pas augmenter encore *votre* appréhension. Pour la bonne et simple raison qu'ils ont peur — peur que vous partiez en claquant la porte et que vous ne veniez plus les voir.

Lorsque les patients tentent de vous communiquer leur perception d'une maladie terminale, ou de toute autre tragédie, ils utilisent principalement trois langages. Le premier est le « langage clair ». Les malades qui vous disent : « Je sais que j'ai le cancer. Je ne sortirai jamais de cet hôpital », sont ceux que vous pouvez véritablement aider — précisément parce qu'ils vous aident —, ceux avec lesquels vous pouvez avoir un échange parce qu'ils vous facilitent la tâche. Ils amorcent d'eux-mêmes la communication, et ils appellent un chat un chat. En fait, ceux-là n'ont même pas besoin de votre aide. Les patients en phase terminale qui peuvent parler sans détours de leur cancer et de leur agonie ont déjà transcendé leur plus grande peur — la peur de la mort. A dire vrai, ces malades finissent par *vous* aider. Que vous l'admettiez ou non, ils deviennent *vos* thérapeutes — ils *vous* offrent leur propre expérience. Ce ne sont pas ceux dont je parle aujourd'hui.

Les patients qui ont besoin de votre aide, qui en ont besoin désespérément, sont ceux qui sont en état de choc et d'hébétude, ceux qui n'ont pas été préparés à affronter les tempêtes de l'existence, ceux qui ont été dorlotés toute leur vie et pour lesquels tout a toujours été facile, sans anicroches, ceux qui ont été protégés par leur famille contre toutes les formes d'épreuves. Ceux-là ont été élevés comme dans une serre. Tôt ou tard, pourtant, le malheur les frappe, et ils ne savent comment le surmonter. Je songe, par exemple, à ces parents qui ont perdu tous leurs gosses en moins de six mois à cause du cancer. Ils souffraient tant, refusant de croire qu'une chose pareille ait pu leur arriver, oui, ils souffraient tellement qu'ils ne parvenaient plus à s'exprimer clairement. Alors ils ont choisi le langage symbolique. Apprenez ce langage, je vous en prie, et vous serez capable d'écouter.

Il existe deux formes de langage symbolique : le non verbal et le verbal. Tous deux sont des langages universels que vous pouvez employer n'importe où dans le monde. Dès lors que vous aurez compris le langage symbolique, qui est celui dont les enfants se servent presque exclusivement, vous ne vous perdrez plus en conjectures. Vous commencerez à prendre conscience du fait que tous les agonisants, enfants ou adultes, savent — pas toujours sur le plan conscient, mais à tout le moins inconsciemment — qu'ils sont en train de mourir. Alors ils partageront avec vous la seule chose qu'ils aient besoin de partager : leur travail en souffrance [1].

Vous connaissez sans doute le sens du mot « parabole ». Dans son infinie subtilité, Jésus savait qu'il devait enseigner au plus grand nombre. Mais la population n'y était pas prête — du moins sa majeure partie. Aussi a-t-il fait usage de paraboles, sachant que ceux qui seraient capables de l'entendre l'entendraient. Quant aux autres, ils se grattent encore la tête deux mille ans plus tard *(rires)*. Voilà exactement le langage dont se servent les enfants mourants lorsqu'ils *vous* choisissent comme interlocuteur — et ils savent parfaitement à qui s'adresser. Ce peut être une aide soignante ou n'importe qui d'autre, mais toujours quelqu'un qu'ils jugeront capable de les comprendre. Ces enfants de trois ou quatre ans vous regardent et vous scrutent ; ils savent si vous allez accepter ce qu'ils vous confient ou le rejeter en disant : « Allons donc, les enfants ignorent tout de telles choses. C'est une pure invention. »

Ils emploient un langage proche de celui des paraboles, un langage symbolique, et si vous faites semblant d'acquiescer alors que vous ne comprenez pas ce qu'ils disent, vous serez aussitôt considéré comme un imposteur. En revanche, si vous comprenez, malgré votre expérience limitée, qu'ils tentent de vous communiquer quel-

---

1. En anglais, *unfinished business*. Cette expression, qui revient souvent sous la plume d'Elisabeth Kübler-Ross, désigne tout ce qui reste en suspens au plus profond de nous-mêmes. Tout ce qui demeure inachevé, non résolu *(NDT)*.

que chose, vous leur direz : « Je ne suis pas sûr d'avoir bien saisi ce que tu me racontes. Peux-tu me le répéter ? » Alors ils le reformuleront sous deux, trois, quatre ou dix formes différentes — jusqu'à ce que vous le compreniez.

La plupart du temps, il suffit d'une simple visite à domicile pour aider les patients et leur famille à évaluer et à régler leur travail en souffrance — afin qu'ils puissent continuer leur chemin et affronter cette mort imminente dans la paix et la sérénité, sans peur ni chagrin.

Lorsqu'un patient utilise le langage symbolique, cela signifie qu'il est train de vous mettre à l'épreuve pour voir si vous êtes prêt à l'aider. Les jeunes enfants emploient presque exclusivement le langage non verbal, sous toutes ses formes. Et la plus simple, la plus merveilleuse, la plus utile d'entre elles n'est autre que le dessin.

Susan Bach, analyste jungienne, a mis au point une méthode d'étude des dessins spontanés réalisés par les enfants — notamment ceux de l'hôpital de Zurich où j'ai travaillé pendant quinze ans. Elle demandait à ces enfants, atteints d'une tumeur au cerveau, de dessiner librement ce qui leur venait à l'esprit. Et tous ont montré par l'intermédiaire de ces dessins qu'ils avaient parfaitement conscience de leur pathologie, et que le plus souvent ils connaissaient même l'emplacement de leur tumeur.

Plus tard, lorsqu'elle a appris à analyser ces dessins en profondeur, elle a compris non seulement que les enfants savaient ce qui se produisait dans leur corps, mais que leurs dessins indiquaient aussi quand et comment ils allaient mourir.

Lorsque nous travaillons avec des enfants atteints d'une leucémie ou d'un cancer, nous leur demandons d'exécuter un dessin. Par ce moyen, ils révèlent leur propre perception — profonde et inconsciente — de leur maladie. A l'aide du langage symbolique non verbal, nous les aidons à achever leur travail en souffrance, ce qui leur permet d'aider leurs propres parents à affronter directement cette mort imminente.

Ceux d'entre vous qui ont lu mon livre *To live until we say goodbye* ont pu y découvrir un dessin dû à la petite Jamie, âgée de cinq ans. Ce dessin représente un ballon violet qui flotte dans le ciel. Le violet est la couleur de la spiritualité. Jamie savait sans nul doute — et c'était sa conception de la mort — qu'elle serait bientôt un esprit flottant dans le ciel.

### Les enfants qui perdent un parent

(« *Comment réagissent les enfants qui perdent un parent ?* » *demande quelqu'un dans le public.*)

La réaction des enfants à la mort d'un proche dépend tout simplement de la façon dont ils ont été élevés. Si leurs parents, au lieu de les protéger excessivement, ont partagé avec eux, par exemple, le deuil d'une grand-mère ou d'un animal familier, s'ils les ont autorisés à voir le mourant chez eux et à assister aux funérailles, alors les enfants se comporteront le plus naturellement du monde.

C'est précisément une des raisons pour lesquelles nous souhaitons que les parents — surtout les plus jeunes — meurent dans leur foyer. Le cadet des enfants pourra alors passer les disques favoris de sa mère. Un autre apportera le thé. Un troisième se verra confier une autre tâche. Ainsi, les enfants *participent* aux soins donnés à leur mère mourante. Et lorsqu'elle tombe dans le coma durant les derniers jours de sa vie, ils peuvent encore la toucher, l'aimer et la tenir dans leurs bras.

On peut alors leur expliquer que leur mère est comme dans un cocon, parfaitement vivante, et qu'elle peut entendre tout ce qu'on lui dit. Elle peut même écouter de la musique. Mais elle ne peut plus parler ou réagir. Quand les enfants sont autorisés à participer à un tel processus, ils vivent une expérience unique.

En revanche, si leur mère se retrouve dans une unité de soins intensifs, les enfants — notamment aux Etats-Unis où ils n'auront même pas le droit d'entrer à l'hôpital — feront d'effroyables cauchemars, imaginant le pire quant à la façon dont elle est traitée. Et si, pour couronner le tout, on ne leur permet pas d'assister à l'enterrement, alors ils accumuleront nombre d'angoisses et de blocages, et ce durant des années.

Notre devise favorite est la suivante : « Si vous recouvriez les canyons pour les protéger contre les tempêtes, vous ne verriez jamais la beauté de leurs formations. » Cela signifie que vous ne devez pas « abriter » vos enfants, ni les protéger, car de toute façon vous ne pourrez les soustraire aux épreuves qui les attendent. La seule chose que vous parviendrez à faire, ce sera de vous protéger vous-même en empêchant vos enfants de grandir vraiment et de se préparer à la vie.

## Le frère de Jamie

Les frères et sœurs posent un problème spécifique. J'ai mentionné tout à l'heure le cas de la petite Jamie, morte d'une tumeur au cerveau. Nous avions pu la ramener chez elle. Et son frère de huit ans avait pu participer aux soins. Après avoir expliqué de la façon la plus naturelle à ses camarades de classe qu'il se rendait à son travail, il rentrait de l'école, branchait l'appareil et faisait inhaler de l'oxygène à sa sœur — ce avec la plus grande douceur. Ensuite, il sautait sur le lit et lorsqu'il lui semblait qu'elle avait besoin d'une petite caresse, il s'en chargeait aussitôt avec une incroyable tendresse.

Quand elle mourut, il fut certes en deuil — mais il n'eut aucun travail de deuil à accomplir.

Lorsque le livre, qui comportait des photos de lui et de sa sœur mourante, fut publié, je suis allée lui rendre visite pour le lui montrer, en me demandant quelle serait sa réaction. D'abord, il examina les photos sur lesquelles il figurait, ce que nous faisons tous du reste, bien que nous feignions de regarder les autres clichés *(rires)*. Après m'avoir donné son approbation, il s'attarda ensuite sur le chapitre qui concernait sa sœur. « Je suis très heureux que tout cela figure dans un livre, a-t-il dit. A présent, quand mes camarades de classe perdront un frère ou une sœur, ils sauront, en regardant *mon* livre, ce qu'ils doivent faire. » Telle fut sa superbe réaction. Loin de se sentir rejeté ou négligé comme la plupart des frères ou des sœurs d'enfants mourants, il était immensément fier d'avoir accompli ce qu'il devait accomplir.

Lorsque vous vous retrouvez face à des enfants dont le père ou la mère est en train de mourir — et que la famille vous demande comment les préparer à un tel événement —, demandez-leur simplement de dessiner quelque chose. Et ils vous révéleront très exactement ce qu'ils savent sur la mort imminente de leur père ou de leur mère. Je vais vous en donner un exemple éclairant.

### Lorrie

Une institutrice m'a appelée un jour pour évoquer le cas d'une élève dont les résultats, positifs en début d'année, n'avaient cessé de se détériorer depuis quelques mois. Elle n'arrivait pas à en comprendre la raison. Lorsqu'elle téléphona aux parents de cette petite fille, elle apprit — par l'intermédiaire d'une tante hystérique — que la mère de l'enfant, atteinte d'un cancer, était depuis deux semaines dans le coma, à l'hôpital, et qu'elle allait mourir d'un jour à l'autre.

L'institutrice demanda naturellement à la tante si les enfants — la petite fille avait une sœur d'une année plus jeune — avaient été préparés à la mort de leur mère. La tante répondit par la négative. Non seulement personne n'avait rien dit aux enfants, mais ces derniers n'avaient pas vu leur père depuis deux semaines car, depuis que leur mère se trouvait dans le coma, celui-ci partait de plus en plus tôt au travail pour se rendre ensuite au chevet de sa femme mourante. Et lorsqu'il rentrait enfin à la maison, les enfants étaient endormis.

L'institutrice lui a dit alors avec une grande justesse : « Il faut que quelqu'un parle à ces enfants avant que cela arrive. » Mais la tante, folle de rage, a rétorqué : « *Vous* n'avez qu'à leur parler ! Mais faites-le maintenant, car demain il sera peut-être trop tard. » Puis elle lui a raccroché au nez. Comme vous vous en doutez, les enseignants ne sont guère préparés à ce genre de travail.

L'institutrice a alors téléphoné pour demander mon aide. Je l'ai autorisée à amener l'enfant chez moi après l'école, mais à la condition qu'elle reste avec nous afin de voir comment je procédais — et faire de même la prochaine fois.

Je n'ai pas de cabinet de consultation — parce que cela angoisse les enfants. Ceux qui peuvent marcher, je les reçois dans ma cuisine. Pas dans la salle de séjour, mais dans la cuisine, car celle-ci a une cheminée. A Chicago, en effet, le thermomètre atteint parfois quarante degrés au-dessous de zéro et il vaut mieux dans ces conditions être assis au chaud.

Je leur offre toujours — chose horrible et bien peu holistique, je le reconnais — du Coca et des beignets *(rires)*. C'est sans doute la nourriture la moins saine qu'on puisse servir à un enfant — et j'en suis bien consciente en tant que médecin. Mais je vais vous dire pourquoi je procède ainsi.

En règle générale, il s'agit d'enfants auxquels on n'a jamais dit la vérité sur l'état de leur mère ou de leur père.

Ils ne croient déjà plus à ce que disent les adultes. Ils travaillent de plus en plus mal à l'école. Inquiets, préoccupés, ils ne trouvent aucune personne avec laquelle ils puissent communiquer vraiment, en toute sincérité. Je vous laisse le soin d'imaginer comment ils réagiraient si leur institutrice les emmenait après l'école dans un cabinet de psychiatrie où on leur offrirait des aliments aussi bizarres que des germes de blé ou de soja *(rires)*.

Au contraire, nous leur donnons ce qu'ils aiment le mieux. Que cela soit sain ou non est *ici* totalement, complètement et absolument hors de propos. Il est très important que vous le compreniez. Car ce serait abuser de notre autorité et de notre position que de tenter de les convertir en un tel moment à de plus saines habitudes alimentaires. Nous autres adultes, nous avons parfois tendance à agir ainsi, et les enfants ne manquent jamais de nous le faire sentir — comme il se doit.

Une année plus tard, lorsque ces enfants seront devenus mes amis — car nous nous serons soutenus mutuellement durant une période pénible —, peut-être accepteront-ils de m'écouter. Alors je les inviterai de nouveau dans ma cuisine et tâcherai de leur préparer cette fois quelques plats plus équilibrés.

Si j'insiste sur ce point, c'est parce que cette hérésie alimentaire — le Coca et les beignets — m'a valu dans le passé nombre de lettres hostiles. Et je ne souhaite pas en recevoir d'autres *(rires)*.

Le plus souvent, nous nous asseyons à la table de la cuisine avec les enfants. Pendant qu'ils grignotent leurs beignets et boivent leur Coca, je leur donne une boîte de crayons de couleur et je leur demande de dessiner quelque chose. En moins de deux minutes, je sais ce qu'ils savent. Nous pouvons alors parler ouvertement. Et une demi-heure plus tard, ils quittent la maison détendus — c'est aussi *simple* que cela.

Le dessin de cette petite fille — une merveille ! — représentait une silhouette composée de bâtonnets et dotée d'énormes jambes, silhouette de couleur rouge vif — ce qui symbolise toujours le danger — qu'accompagnait une sorte de motif indien. Avant de le terminer, elle le barra d'un trait rageur, en utilisant encore le rouge, qui exprime la colère et la souffrance.

J'ai contemplé cette silhouette aux jambes tordues et lui ai demandé :

— Est-ce que c'est ta maman ?

— Oui, a-t-elle répondu d'un ton cassant.

— Mon Dieu, ai-je fait, une maman qui a des jambes comme ça doit avoir du mal à marcher.

Elle m'a observée un instant comme si elle voulait me mettre à l'épreuve :

— Les jambes de ma maman sont si malades qu'elle ne marchera plus jamais avec nous dans le parc.

C'est alors que l'institutrice est intervenue — comme elles le font toujours dans ces moments-là *(rires)*.

— Non, docteur Ross, ce n'est pas vrai. Sa mère a un cancer généralisé. Et seules ses jambes ne sont pas atteintes.

— Merci, ai-je répondu. Mais je n'ai rien à faire de *votre* réalité. J'ai besoin de la sienne.

Et elle a compris immédiatement ce que je voulais dire.

Puis j'ai sans doute commis une erreur. Je suis revenue près de l'enfant pour lui demander :

— Lorrie, les jambes de ta maman doivent être affreuses.

— Je t'ai déjà *expliqué*, m'a-t-elle répondu sur un ton exaspéré, que les jambes de ma maman sont si malades qu'elle ne marchera plus jamais avec nous dans le parc.

Comme si elle m'avait dit : « Tu ne m'écoutes donc pas ! » *Alors*, je l'ai écoutée.

Et je l'ai questionnée à propos de cet étrange motif indien. Elle n'a rien voulu me dire.

Un tel travail comporte quelques petites astuces qu'il convient d'apprendre progressivement. Si vous voulez qu'un enfant vous dise la vérité, la seule chose que vous ayez à faire c'est de vous tromper. Tôt ou tard, il sera si énervé par vos questions stupides qu'il finira effectivement par dire la vérité *(rires)*.

Mais vous ne pouvez pas tricher — en aucune manière. Si, par exemple, j'avais compris de quoi il s'agissait tout en feignant l'ignorance, elle m'aurait tout de suite percée à jour. Et pourtant, je n'avais pas la moindre idée quant à la signification de ce motif. J'ai donc continué de l'interroger, mais en vain. Jusqu'à ce qu'elle me dise, toujours aussi exaspérée :

— C'est une table avec une nappe.

— Une table avec nappe ?

— Oui, ma maman ne mangera plus jamais avec nous à la table de la cuisine.

Si un enfant vous dit « plus jamais » trois fois en trois minutes, *vous* savez qu'*il* sait. Aussi suis-je passée du langage symbolique au langage clair :

— Ta maman ne mangera plus jamais avec toi à la table de la cuisine. Et elle ne marchera plus jamais avec toi dans le parc. Pour moi, ça veut dire que ta maman va très mal. Pour moi, ça veut dire que ta maman va mourir.

— Oui, a-t-elle répondu en me regardant. Un peu comme si elle m'avait dit : « Il t'en a fallu du temps pour comprendre ! » *(rires).*

Et ils utilisent toujours le même langage... Voyez, vous ne pouvez *leur* dire quelque chose. Ce sont toujours eux — et je dis bien toujours — qui *vous* le disent, à condition que vous entendiez leur langage.

— Qu'est-ce que cela signifie pour toi, le fait que ta maman va mourir ? ai-je repris.

— Ma maman va aller tout droit au ciel, a-t-elle répliqué sur-le-champ.

— Mais qu'est-ce que cela signifie pour *toi* ?

Alors elle a serré les lèvres, reculé d'un pas et dit brusquement :

— Je ne sais pas.

Combien parmi vous — si du moins vous essayez de vous comporter comme des Américains pendant deux minutes, c'est-à-dire en rejetant toute forme de timidité *(rires)* — oui, combien parmi vous seraient-ils capables de dire à un enfant dont la mère est en train de mourir : « Ta maman va aller au ciel » ? *(Silence dans le public.)*

Allez, soyez un peu sincères. Levez la main ! *(Toussotements divers traduisant une impression de malaise.)*

Je ne vois que deux mains. Ainsi seuls deux d'entre vous seraient capables d'agir ainsi ? *(Rires et toussotements.)* Le croyez-vous vraiment ?

Je vous repose donc ma question. Si une enfant dont la mère va mourir dans les deux jours vous demandait : « Que va-t-il arriver à Maman lorsqu'elle mourra ? », combien parmi vous répondraient : « Ta maman va aller au ciel », ou quelque chose d'approchant ? *(Mouvements divers dans l'assistance.)*

Maintenant, nous en sommes à treize mains ! Et si je vous le redemande dix fois, nous allons finir par approcher du chiffre exact *(rires)*. En fait, j'essaie de vous montrer quelque chose. Quelque chose de profondément vrai — et ce n'importe où dans le monde.

Combien parmi vous seraient-ils vraiment incapables de dire : « Ta maman va aller au ciel » ? *(Un court silence. Aucune main ne se lève. Quelques rires étouffés.)* Voilà le chiffre exact. Habituellement.

J'insiste sur ce point pour une raison bien simple, une raison que la plupart des gens, à condition qu'ils soient sincères, admettront sans mal. Cette phrase, en vérité, les adultes la répètent souvent aux enfants. Comme si nous voulions leur expliquer que leur maman va partir pour un beau pays, où il n'y aura plus ni souffrance ni douleur. Voilà pourquoi nous leur parlons ainsi. Mais c'est *aussi* une façon de leur dire : « Est-ce que tu vas te taire à la fin ? Ne me pose plus de questions et va jouer à côté ! » Que nous l'admettions ou non, c'est la vérité.

« Ta maman s'en va dans un endroit merveilleux, où il n'y a plus ni souffrance ni douleur » — voilà ce que nous autres adultes donnons à entendre à nos enfants. Et nous espérons qu'ils vont le comprendre. Mais lorsque la maman en question meurt pour de bon, les mêmes adultes se mettent à sangloter et se conduisent comme

si la plus grande tragédie du monde avait eu lieu.
Comprenez-vous pourquoi les enfants ne nous croient
pas ?

Voilà le vrai problème.

Alors j'ai dit à Lorrie : « Je ne vais pas te parler du
ciel. Pour moi, il faut absolument que tu saches ce qui
arrive à ta maman en ce moment. Elle est dans le coma.
C'est-à-dire qu'elle est comme dans un cocon. Un cocon,
ça ressemble à une chose morte. Car ta maman ne peut
plus te serrer contre elle. Elle ne peut plus te répondre.
Mais elle *entend* tout ce que tu dis. Et bientôt, dans un
jour ou deux, il va arriver à ta maman ce qui arrive aux
papillons. Quand le moment est venu, le cocon s'ouvre
et le papillon s'envole. » (C'est un exemple de langage
symbolique verbal.)

Et nous avons parlé des papillons et des cocons.
Ensuite, elle a posé nombre de questions sur l'état de sa
mère. Alors, j'ai décidé de téléphoner au médecin-chef
pour lui demander de faire entorse à la règle — car,
comme je vous l'ai dit, les enfants ne sont pas admis
dans les hôpitaux américains. Ce médecin-là avait du
cœur. Il a accepté aussitôt de faire entrer clandestinement
Lorrie et sa sœur dans l'hôpital en question.

J'ai demandé aux deux sœurs si elles voulaient revoir
leur mère une dernière fois afin de lui dire tout ce qu'elles
avaient besoin de lui confier. « Ils ne nous laisseront pas
entrer », ont-elles répondu avec colère. Et j'ai répliqué :
« Combien vous pariez ? » (C'est toujours comme ça que
je gagne tous mes paris.)

Nous croyons profondément qu'il est préférable
d'offrir des fleurs aux gens durant leur vie plutôt que

d'entasser des couronnes sur leur cercueil. Nous croyons profondément que les gens qui aiment la musique doivent pouvoir en écouter dans un moment comme celui-ci. J'ai donc demandé aux enfants quelle était la musique favorite de leur mère. Elle adorait le chanteur John Denver. Alors nous leur avons donné des cassettes de John Denver.

Ma consultation avait duré environ quarante-cinq minutes. Un moment merveilleux, et d'une incroyable portée. L'institutrice m'appela le jour suivant, sanglotant au téléphone et m'expliquant qu'elle n'avait jamais vécu une expérience aussi émouvante.

Elle avait ouvert la porte de la chambre, où la mère reposait dans le coma. Le père était assis loin, très loin du lit. *(Elisabeth étend les bras.)* L'image même de la désolation. Pas le moindre contact entre les deux époux.

Alors, les petites filles sont entrées en coup de vent dans la pièce, et elles ont bondi sur le lit pour rejoindre leur mère. Celle-ci ne pouvait plus les embrasser — elles le savaient — mais elle pouvait les entendre, et bientôt, dans un jour ou deux, elle serait aussi libre qu'un papillon.

Naturellement, le père a commencé à sangloter, puis il a étreint ses enfants. L'institutrice les a alors laissés seuls afin qu'ils puissent partager pleinement cet instant d'intimité.

Le lendemain matin, Lorrie a regagné l'école. Elle est allée au tableau noir et y a dessiné un cocon et un papillon. Elle a évoqué devant toute sa classe l'expérience de sa mère mourante à l'hôpital — et donné ainsi le premier séminaire sur la mort et le mourir qui ait jamais eu lieu dans une classe élémentaire. Et personne n'a pleuré, sauf l'institutrice.

Puis, les autres élèves ont commencé à raconter à Lorrie leur propre expérience de la mort — celle d'un animal familier, ou d'une vieille grand-mère.

Ainsi, grâce au moment extraordinaire qu'elle avait vécu auprès de sa mère, Lorrie avait pu établir une communication profonde avec tous ses camarades de classe.

Mais il y a encore autre chose. Si vous partagez l'expérience de la mort avec un enfant, cela peut avoir d'incroyables conséquences. En vérité, sans cette heure passée avec Lorrie, je ne serais pas ici ce soir, à Stockholm.

En janvier, lorsque je suis revenue de Suisse, j'ai trouvé chez moi une énorme pile de lettres et de cartes de Noël. D'ordinaire, lorsque je décide de remettre les choses au lendemain, je me rends à la cuisine pour y cuire quelques gâteaux — que ce soit à Noël, en mai ou en août *(rires)*. J'ai donc regardé cette énorme pile de courrier, bien décidée à la laisser de côté. Mais alors que je me dirigeais vers la cuisine, j'ai aperçu sur le dessus de la pile une grande enveloppe jaune en papier kraft, et dont l'adresse, en grands caractères d'imprimerie, avait été écrite par une main d'enfant. Je l'ai ouverte — et cette année-là, je n'ai plus préparé un seul gâteau !

C'était un cadeau de Lorrie. Sa lettre débutait par ces

mots : « Chère docteur Ross, je voudrais vous donner une consultation gratuite. » Elle m'expliquait combien elle avait réfléchi à son cadeau — un cadeau qui ait vraiment du sens. Pour finir, elle avait décidé de m'offrir le plus merveilleux présent qu'un enfant m'ait jamais offert : toutes les lettres de condoléances qu'elle avait reçues de ses camarades de classe le lendemain de la mort de sa mère. Chaque lettre comportait un dessin accompagné de deux ou trois phrases.

L'une de ces lettres disait : « Chère Lorrie, je suis très triste que ta maman soit morte, mais selon moi elle a simplement perdu son corps physique — et peut-être que ça devait lui arriver à ce moment-là. Je t'embrasse très fort. »

Si nous nous montrions plus sincères, nous autres adultes, et si au lieu de transformer la mort en un horrible cauchemar, nous pouvions transmettre aux enfants ce que nous éprouvons vraiment ; si nous n'avions pas peur de partager nos larmes et d'exprimer notre colère et notre rage (quand du moins nous avons quelque chose à exprimer), et si nous ne tentions pas en vain de protéger notre progéniture contre les tempêtes de la vie, les enfants de la prochaine génération pourraient alors affronter directement la mort et l'agonie.

## Le garçon de San Diego

Si vous vous asseyez près d'un enfant en lui accordant toute l'attention nécessaire, et si vous lui montrez que vous n'avez pas peur de ses réponses, alors il se confiera vraiment.

Un jour, il y a quelques mois, je me trouvais dans une boulangerie à San Diego. A travers la vitre, j'ai aperçu un tout petit garçon assis sur le rebord du trottoir. Il semblait *très* triste. Alors je suis sortie et je me suis assise auprès de lui.

Je suis restée assise ainsi près d'une demi-heure sans dire un mot. Je n'ai pas bougé, parce que je savais ici... *(elle indique avec sa main l'endroit du cœur, du quadrant intuitif)* que si je m'approchais trop rapidement et trop près de lui, il partirait aussitôt.

Au bout d'une demi-heure, j'ai dit, d'un ton tout à fait naturel, quelque chose comme : « C'est dur. » Et il a grommelé : « Hmm, hmm. »

Un quart d'heure plus tard, j'ai fait : « Ça va si mal ? » Et il a répondu : « Oui, je suis parti de la maison. »

Après un autre quart d'heure, j'ai dit à nouveau : « *Si* mal ? » Alors, sans dire un seul mot, il a retiré son tee-shirt. Toute sa poitrine — j'en suis restée bouche bée — était couverte de brûlures faites avec un fer à repasser.

Voilà un bon exemple de langage symbolique, non verbal. Voyez, je peux rester assise ainsi durant trois quarts d'heure, comme ceux qui guettent les chiens errants. Oui, je m'assois auprès des enfants, je leur accorde toute mon attention et je leur offre l'espace d'un partage.

Après ce suicide, l'assistante sociale m'envoya le col-
laur
pas un exemple extraordinaire. »

## *L'interprétation des dessins d'enfants*

Les enfants plus âgés écrivent des poèmes spontanés,
ce qui relève aussi du langage de l'âme, ou ils font des
collages pour nous transmettre ce qu'ils ne parviennent
pas à traduire en mots. Si vous ne comprenez pas ce
qu'un enfant essaie de vous montrer, faites preuve de
sincérité — tout comme lui — et demandez-lui simplement : « Peux-tu m'expliquer ce que tu as fait ? Je ne
comprends pas. » Et il vous l'expliquera.

Mais si vous vous contentez de regarder son collage et
de lui dire : « Mon Dieu, comme c'est joli ! », tout en
pensant que son « œuvre » ne présente aucun intérêt,
vous manquerez alors la possibilité de comprendre ce que
l'enfant tente de vous communiquer. Je voudrais évoquer
à ce propos le cas extraordinaire d'une jeune fille de
quinze ans.

C'est sans doute mon exemple le plus triste — mais
combien éclairant — de langage symbolique. Il s'agit
d'un collage. Cette adolescente avait demandé à chaque
membre de sa famille de regarder son collage — et elle
avait fait la même demande à son assistante sociale.

Mais personne n'y avait fait attention, personne
n'avait pris le temps nécessaire pour l'examiner en profondeur. Pourtant, si une seule de ces personnes avait
vraiment observé ce collage et compris sa symbolique,
cette enfant serait encore vivante aujourd'hui.

En effet, après avoir montré son collage durant une
quinzaine de jours, elle se suicida.

Après ce suicide, l'assistante sociale m'envoya le collage — accompagné du commentaire suivant : « N'est-ce pas un exemple extraordinaire ? »

Comprenez-vous pourquoi cette histoire est si triste ? Cette enfant est morte avant que l'assistante sociale n'ait appris à écouter et à partager son angoisse.

|          |               |
|----------|---------------|
| Avenir   | Présent       |
| Passé    | Proche avenir |

LES QUATRE QUADRANTS D'UN DESSIN SELON JUNG

Je voudrais attirer votre attention sur certains aspects de ce collage, qui sont aisément déchiffrables.

Vous n'avez nul besoin d'être psychiatre ou de « psychanalyser » ce que vous avez sous les yeux. Non, vous devez tout simplement regarder — rien de plus —, à la lumière de quelques critères fondamentaux. Alors vous comprendrez à quel point nous — et je veux dire nous tous ici — pouvons connaître les choses de l'intérieur. Ici *(elle montre son front)*, notre conscience des choses se révèle toujours limitée. Mais si vous parvenez à entrer en contact avec votre propre connaissance intérieure

38

— laquelle transcende tout ce qui peut être traduit en mots —, vous serez capable d'écouter votre prochain et de l'aider.

En examinant attentivement ce collage, vous comprendrez que si quelqu'un avait pris la peine d'écouter cette adolescente pendant cinq ou dix minutes, elle serait probablement encore vivante.

D'après Jung — je suppose que ce nom ne vous est pas inconnu —, un tel dessin doit être examiné à partir du quadrant inférieur gauche, qui représente le passé. Mais ne cherchez pas toutefois à faire de la psychanalyse. Contentez-vous de lire ce que dit le dessin. Cette jeune fille nous a d'ailleurs facilité la tâche, en mélangeant langage clair et langage symbolique. Elle a même ajouté quelques mots ici et là afin d'être mieux comprise. En bas, vous pouvez lire : « Un enfant qui souffre a besoin de votre aide. » Puis vous voyez une première image. Que montre-t-elle ? Un océan. Quelle sorte d'océan ? Calme et bienveillant ? Non, un océan noir, effrayant, sans phare ni canot de sauvetage. Rien à quoi on puisse se raccrocher. Voilà comment notre jeune fille se représente son enfance. Et cela trahit une solitude affreuse.

Puis vous passez au quadrant supérieur droit, c'est-à-dire le présent, qui vous indique ce qu'elle éprouvait au moment où elle a fait ce collage — et ce dont elle avait le plus peur. Les premiers mots marqués en gros caractères sont : « Je suis folle. » Elle a donc peur de devenir folle. Puis, en caractères plus petits — tant pour le dessin que pour les mots, il convient toujours d'aller du plus grand au plus petit —, une question : « Pourquoi ? » Et juste à côté : « Etre amie avec maman. » Quelle est la plus grande image dans le quadrant du présent ? Une chienne avec ses chiots. Une unité familiale. Puis, un bébé serrant une poupée contre sa poitrine. Vient ensuite la plus petite des trois images : un singe qui fait des singeries. Que représente le singe ? C'est une sorte de clown occupé à faire le pitre pour masquer sa tristesse. Que nous révèle-t-il sur le plan du diagnostic ? Quand une personne est encore capable de faire le clown, cela montre qu'elle a conservé son sens de l'humour. Autrement dit, cette adolescente aurait encore pu être sauvée.

Examinons à présent ce qui va lui arriver bientôt. Le quadrant inférieur droit est celui du proche avenir. Et que réserve ce proche avenir à cette jeune fille de quinze ans ? Nous lisons : « lutte pour être libre », puis : « libre à nouveau » et « choix difficile ». Comment notre adolescente voit-elle la semaine qui vient ? Une forêt dont la plupart des arbres ont déjà été abattus. Pourtant subsiste encore une lueur d'espoir — car d'autres arbres, plus jeunes, apparaissent en arrière-plan. Qu'est-il donc arrivé au singe ? Il a cessé de faire le pitre. Il est assis là, paralysé, hébété. Il ne joue plus.

Voyons maintenant le quadrant supérieur gauche, qui représente notre conception de la mort, ce que nous réserve l'avenir. Il nous révèle comment cette jeune fille envisage, sur le plan intuitif et spirituel, le dénouement de la situation présente. Qu'observons-nous ? Que sait-elle déjà ? Voici un hôpital. Et que se passe-t-il dans cet hôpital ? Un bébé vient de naître. Mais comment s'est passé l'accouchement ? Le médecin tient le bébé la tête en bas. Quand procède-t-on ainsi ? Lorsque les bébés n'arrivent pas à crier ou à respirer. Bref, lorsqu'elle a fait

40

ce collage, notre adolescente savait déjà qu'elle serait retrouvée sans vie. Mais elle espérait encore tomber entre les mains d'un médecin compétent, capable de la sauver.

Que se passerait-il si elle ne trouvait pas ce médecin ? L'image suivante nous le dit. C'est un chat. Que symbolisent les chats ? Neuf vies. Si un docteur ne peut nous ramener à la vie, que nous reste-t-il ? Le fait de croire que notre vie n'est peut-être pas la seule. Mais si même cela se révèle impossible, quel est notre dernier espoir ? Car ce collage nous dit absolument tout ! Quelle est la dernière image ? Un phare. En bas, dans le quadrant inférieur gauche, il y a un océan sans phare. En haut, dans le quadrant supérieur gauche, il y a un phare : la lumière au bout du tunnel, telle que la décrivent nombre de mourants. C'est ainsi qu'il faut déchiffrer ces images.

Il semble difficile de trouver un exemple d'appel à l'aide aussi évident que celui-ci — et l'on peut même cerner aisément la nature du problème en jeu. Pourtant — et là est la tragédie —, personne n'a été capable de le voir. Lorsque la jeune fille fut retrouvée, elle tenait son collage serré contre elle. L'assistante sociale, comme vous pouvez vous en douter, a ressenti une terrible culpabilité. Alors, elle m'a envoyé ce collage en me faisant promettre de le montrer au plus grand nombre de gens. Regardez, ne cherchez pas à analyser. Si un adolescent désespéré ou suicidaire vous montre un jour un collage, asseyez-vous et questionnez-le. En lui manifestant cette simple marque d'attention, vous lui apporterez un réconfort.

Nous avons en effet besoin d'apprendre certaines

choses fondamentales. Etre capable d'écouter notre prochain et d'entendre ce qu'il a à dire. Retrouver l'humilité — si nous ne comprenons pas ce que quelqu'un essaie de nous transmettre, reconnaissons-le et aiguisons notre écoute. Dès lors que vous aurez établi le contact, vous découvrirez que la difficulté est bien moins grande que vous ne le pensiez.

## Liz

Il y a quelque temps, je fus appelée au chevet d'une petite fille de douze ans dans un état critique. Nous avions pu auparavant la ramener chez elle. Chaque fois que cela est possible, en effet, je tiens à ce que mes jeunes patients meurent dans leur foyer. Toutefois, nous ne les mettons jamais dans la chambre à coucher, puisqu'on utilise d'ordinaire celle-ci pour punir les tout-petits. Et chacun d'entre vous — quel que soit son pays d'origine — doit avoir encore en mémoire le souvenir de telles punitions. C'est pourquoi nombre d'enfants associent mentalement les chambres à coucher aux interdictions, aux tabous, aux châtiments et à la solitude. En conséquence, nous les installons dans la salle de séjour.

Liz était donc allongée sur un lit dans la salle de séjour ; atteinte d'un cancer, elle s'éteignait lentement, très lentement. Si la mère communiquait avec sa fille d'une façon merveilleuse, le père, lui, restait muet. Mais cet introverti était pourtant capable de *montrer* son amour. Il apportait souvent des roses rouges, qu'il disposait sur sa table de nuit sans un mot. Tous les membres de cette famille, précisons-le, étaient des catholiques pratiquants.

D'après les dires du père, les autres enfants (âgés respectivement de six, dix et onze ans) ne savaient pas que leur sœur était mourante. Bien sûr, je n'en croyais rien. Il m'autorisa toutefois à les voir seuls après l'école — et à les faire dessiner.

Dès que j'ai vu leurs dessins, j'ai compris qu'ils savaient. Ce fut le plus jeune, comme c'est souvent le cas, qui décida le premier de passer du langage symbolique au langage clair :

— C'est sûr, elle va mourir bientôt. Très bientôt.

— Tu sais, Peter, lui dis-je, Liz va sans doute mourir dans un jour ou deux. Si tu as quelque chose à lui confier, il faut le faire maintenant. Tu te sentiras beaucoup mieux. Après, il sera trop tard.

— Si je comprends bien, fit-il, je suis censé lui dire que je l'aime.

— Mais non ! répondis-je. Tu n'est pas censé lui dire « je t'aime ». Ça serait complètement faux. Pour parler ainsi, tu dois vraiment lui en vouloir.

— Oui, lâcha-t-il finalement. Parfois, j'en ai vraiment marre. Je voudrais qu'elle soit déjà morte.

— Ces choses-là prennent du temps. Mais pourquoi es-tu aussi impatient ?

— Eh bien, répliqua-t-il, je ne peux pas regarder la télévision, je ne peux pas claquer la porte, je ne peux pas faire venir mes copains à la maison — je ne peux rien faire.

Autant de désirs naturels pour un garçon de six ans.

Et si je me trouvais à ses côtés, c'était précisément pour qu'il m'en parle sans honte.

Tous les enfants, ai-je expliqué aux trois frères, éprouvent les mêmes sentiments négatifs, mais seuls quelques-uns sont suffisamment courageux pour l'admettre. A présent, nous étions assis ensemble, en ayant vraiment le courage de dire ce que nous pensions. Et — vous pouvez en être sûrs — nous nous parlions du fond du cœur. Ce fut un moment fantastique.

Je repris ma conversation avec Peter.

— Es-tu suffisamment sincère pour raconter tout ça à ta sœur ?

Mais il subissait déjà l'influence des adultes.

— On ne doit pas dire de telles choses, répondit-il.

— Crois-tu vraiment, fis-je, que ta sœur ne ressent pas les mêmes choses que toi ? Qu'elle ne sait rien ? Si tu pouvais lui confier tout cela tendrement, est-ce que ce ne serait pas merveilleux ? Comme elle serait soulagée si quelqu'un lui parlait enfin avec franchise !

Je le mis au défi — tant et si bien qu'il finit par céder. Imaginez la scène. La chambre, le lit, le petit garçon de six ans auprès de sa sœur mourante. Je me tiens derrière lui, prête à le soutenir si nécessaire. Et derrière moi, les deux autres — dix et onze ans. La mère apparaît à la porte, et derrière elle, le père.

Enfin, après avoir tergiversé une dernière fois, le cadet lance : « Parfois, je voudrais prier pour que tout cela finisse. » Et cet instant restera comme l'une de mes plus belles expériences thérapeutiques. A ce moment-là, la sœur se mit à pleurer et à sangloter. Non pas des larmes de douleur, mais d'apaisement.

Et elle ne cessait de répéter : « Merci, mon Dieu. Merci, mon Dieu. Merci. »

Puis, lorsqu'elle eut fini de pleurer, elle expliqua à son frère pourquoi elle avait éprouvé un tel réconfort : « Tu sais, Peter, cela fait trois jours et trois nuits que je prie Dieu de m'emporter. Et chaque fois que je termine ma prière, Maman entre dans la chambre et me dit qu'elle est restée assise à prier toute la nuit pour que Dieu me garde en vie. Mais si tu m'aides, Peter, à nous deux nous pouvons être plus forts que Maman » *(rires)*.

Liz était heureuse parce qu'ils avaient enfin cessé de se jouer la comédie — et ils se sont tous embrassés. Et je puis vous jurer que ce gosse de six ans, avec son sourire jusqu'aux oreilles, était devenu en un instant l'homme le plus fier de la ville. Mais le plus merveilleux, sans doute, c'est que la mère avait pu entendre les paroles de sa fille.

Ainsi, le problème le plus important avait trouvé sa solution. Les parents comme les enfants étaient préparés à ce qui les attendait.

Toutefois, Liz ne parvenait pas à mourir. Pour une raison inconnue, elle s'accrochait à la vie. Quelques jours plus tard, je suis retournée la voir. D'un point de vue médical, il était incompréhensible qu'elle fût encore vivante. Alors j'ai dit à sa mère : « Elle aurait dû mourir il y a une semaine. Elle est prête, elle le veut, mais elle ne peut partir. J'ai pourtant tout essayé. Il y a quelque chose qui l'empêche de partir. Quelque chose qui lui fait peur, je crois. Si ça ne vous ennuie pas, je vais lui poser une question franche et directe. Mais je veux que vous restiez près de moi. Comme ça, vous ne vous angoisserez pas inutilement. Je veux que vous entendiez tout ça de vos propres oreilles. »

Et j'ai demandé à Liz :

— Liz, tu n'arrives pas à mourir, n'est-ce pas ?

— Non, a-t-elle répondu.

— Mais pourquoi ? ai-je fait.

— Parce que je ne peux pas aller au ciel !

— Mais qui t'a dit une chose pareille ? ai-je presque crié, stupéfaite.

Voilà le vrai problème dans ce genre de consultation : vous vous efforcez d'aider un être humain, et vous découvrez que pour ce faire vous devez en « démolir » un autre. Et c'est vraiment difficile d'y échapper, parce que lorsque vous êtes en face d'un mourant, vous devez affronter une telle angoisse, un tel délire, un tel non-sens — bref, une telle négativité — que vous finissez vous aussi par devenir négatif.

J'ai donc essayé de rester maîtresse de moi-même. Et je lui ai demandé une nouvelle fois : « Mais qui t'a dit ça ? »

Elle m'a rapporté alors ce que les prêtres et les religieuses qui venaient régulièrement la voir lui avaient dit un nombre incalculable de fois : nul ne peut aller au ciel s'il n'aime pas Dieu plus que n'importe qui au monde. Puis elle a essayé de s'appuyer sur moi à l'aide de ses mains décharnées... — ses bras étaient comme des bâtons de craie et son ventre ressemblait à celui d'une femme enceinte de neuf mois. Elle s'est littéralement accrochée à moi, baissant la voix pour que Dieu ne puisse l'entendre. Et elle m'a murmuré à l'oreille : « Vous savez, doc-

46

teur Ross, j'aime ma maman et mon papa plus que n'importe qui sur cette terre. » J'étais au bord des larmes.

Tout cela me paraissait d'une tristesse sans bornes. Et la même question se repose toujours. Que faire, oui, que faire pour aider un enfant dans un cas pareil ? Certes, on *pourrait* lui dire des choses agréables — mais ça ne l'aiderait en rien. On *pourrait* lui expliquer : « Si tu aimes ta maman et ton papa, tu aimes aussi Dieu. » Mais ça ne marcherait pas. Alors, comment l'aideriez-vous à se délivrer de son sentiment de culpabilité ?

Il importe avant tout — c'est la seule chose qui fonctionne réellement — de reconnaître *notre propre* négativité. Ce que nous appelons « l'Hitler qui est en nous ». Et cet Hitler est à l'œuvre chaque fois que nous devenons agressif, que nous portons des jugements sur les autres et que nous critiquons leurs méthodes.

En vérité, j'étais très en colère contre ces prêtres et ces religieuses qui avaient trouvé le moyen d'affoler et de culpabiliser une petite fille.

Mais c'était *mon* problème, comprenez-vous, pas celui de Liz.

Alors je lui ai dit : « Je n'ai pas l'intention de me disputer avec toi pour savoir qui a tort ou qui a raison. Je vais simplement te parler comme je l'ai toujours fait. »

Autrement dit — et dans mon propre intérêt —, il fallait que je laisse pour l'instant ma colère de côté. Tout en sachant que je devrais régler ce problème tôt ou tard afin qu'il ne parasite pas mon travail. *Car en ce monde vous ne pouvez faire du bien à l'un en faisant du mal à l'autre.*

Alors j'ai utilisé le langage symbolique. (C'est un don du ciel de maîtriser un tel langage.) Et je lui ai dit :

— On a souvent parlé de l'école toutes les deux. Je sais que tu étais une très bonne élève. Et que tu as toujours rêvé d'être professeur. Depuis que je te connais, la seule fois où je t'ai vraiment vue malheureuse, c'était en septembre, le jour de la rentrée des classes, quand le car scolaire est passé et que tu as vu partir tes amis, tes frères et tes sœurs...

Un mois auparavant, on lui avait appris qu'elle était guérie, mais juste avant la rentrée on avait découvert les premières métastases.

Et j'ai poursuivi :

— Je crois que pour la première fois de ta vie, tu as compris que tu ne reprendrais plus jamais ce car, que tu ne retournerais plus dans ton école adorée et que tu ne deviendrais jamais professeur.

— Oui, a-t-elle reconnu.

— Liz, je voudrais que tu répondes à une seule question. Il arrive parfois que votre professeur vous donne des exercices *très* difficiles, n'est-ce pas ? Je voudrais simplement savoir si elle donne ces exercices-là aux plus mauvais élèves de la classe. Ou si, au contraire, elle les réserve à un petit nombre d'élèves sélectionnées parmi les meilleures...

Alors son visage s'est illuminé — je n'avais jamais vu une chose pareille. Et elle m'a répondu :

— Oh, elle ne les donne qu'aux *meilleures*.

C'était en effet une excellente élève — ce dont elle était très fière.

— Mais, dis-moi, Liz, ai-je continué, Dieu n'est-il pas

48

lui aussi un professeur ? Qu'en penses-tu ? Est-ce qu'Il t'a donné un exercice difficile ou un exercice qu'Il aurait pu donner à toute la classe ?

Alors — langage symbolique non verbal —, elle a contemplé de nouveau son pauvre corps dévasté, son *énorme* ventre, ses bras et ses jambes si maigres. Elle a contemplé son corps comme si elle avait cherché à en estimer les dommages. Puis elle a souri d'un air heureux, et m'a dit avec le plus grand sérieux qui soit :

— Je ne crois pas que Dieu pourrait donner un devoir plus difficile à un autre élève.

Et je n'ai pas eu à ajouter : Que crois-tu *maintenant* qu'Il pense de toi ?

Quelques jours plus tard, je suis retournée chez elle, surtout pour voir comment les autres enfants se comportaient. Ce fut mon dernier échange avec Liz.

Elle dormait, à demi consciente. Je me tenais à la porte de sa chambre pour la regarder une dernière fois — pour la saluer en silence. Elle ouvrit soudain les yeux, me reconnut, et de nouveau, avec un grand sourire, presque moqueur, elle regarda son ventre comme pour me dire : « J'ai bien reçu ton message. »

Voilà comment nous aidons les enfants à achever leur travail en souffrance. En vérité, accompagner les mourants est une chose facile. Plus facile même lorsqu'il s'agit d'enfants, parce qu'ils se révèlent moins compliqués. Ils se montrent francs et directs. Et toujours merveilleux. Si vous commettez la moindre bourde, la moindre gaffe, ils vous en avertissent instantanément.

Nous essayons d'enseigner le langage symbolique non seulement aux étudiants en médecine, mais aux élèves des séminaires, aux professeurs et aux infirmières, afin qu'ils soient en mesure de mieux comprendre ceux qui ont le plus besoin de leur aide.

Vous qui avez des enfants, écoutez-les, écoutez-les vraiment et vous apprendrez une langue bien plus importante que l'espéranto, l'anglais ou l'espagnol — vous apprendrez la langue de ceux qui souffrent. Et l'énergie que vous tirerez de cet apprentissage sera le plus merveilleux des cadeaux, parce qu'elle vous aidera à vivre pleinement.

Ecoutez les mourants qui ont su achever leur travail en souffrance. Ecoutez-les. Pour la première fois de leur vie, ceux-là savent ce que c'est que de vivre pleinement.

## Dougy

Il y a quelques années, j'ai donné une conférence en Virginie. Je dois toutefois vous préciser — sans doute n'en savez-vous rien — que je tiens les conférences en horreur. Je ne connais rien de plus épouvantable, en effet, que de rester sur une estrade, à répéter sempiternellement les mêmes choses, jour après jour. A cette époque, ma journée de conférencière commençait à neuf heures pour s'achever à dix-sept heures. Aussi avais-je besoin de combustible. Et je ne connais pas de meilleur combustible que d'observer le public pour y repérer deux ou trois personnes intéressantes. C'est comme un jeu, vous savez, je me demande qui est celui-ci, que fait celui-là, etc.

Ce jour-là, donc, je regardais attentivement mes auditeurs en me disant : « Eh bien, voilà le groupe auquel tu dois parler aujourd'hui. » Un couple était assis au premier rang. Au moment même où je les vis, je ressentis une impulsion irrésistible — laquelle ne provient jamais de l'intellect, comme vous le savez, mais du quadrant intuitif et spirituel. Il fallait à tout prix que je leur demande pourquoi ils n'avaient pas amené leur enfant à ma conférence.

Naturellement *(elle sourit)*, un psychiatre normalement constitué ne devrait pas agir ainsi *(rires)* — poser une telle question alors qu'on est censé donner une conférence... Toutefois, je dus vraiment me retenir pour ne pas les interroger. Si je l'avais fait, on m'aurait sans doute prise pour une folle. Mais, ne l'oublions jamais, l'opinion que les autres ont de vous, c'est leur problème, et non le vôtre. D'accord ?

Je décidai donc d'avancer — un peu trop même — l'heure de la pause, et je me dirigeai vers le couple. Des gens sans histoires, plutôt sympathiques. Et je formulai aussitôt ma question de la manière la plus acceptable qui fût :

— Je ne saurais vous dire pourquoi je vous demande cela, mais c'est plus fort que moi : pourquoi n'avez pas amené votre enfant ici ?

Mais ils n'ont pas ri. Oh ! non. Il m'ont simplement regardée et dit :

— Comme c'est étrange. Nous en avons justement discuté ce matin. Nous voulions l'amener avec nous, mais c'est son jour de chimiothérapie.

Comme vous pouvez le constater, leur réponse ne faisait que confirmer mon intuition : oui, ils avaient un enfant, un garçon, et ce garçon avait le cancer et suivait une chimiothérapie.

— Je ne saurais vous expliquer pourquoi, continuai-je, mais il est capital qu'il vienne ici aujourd'hui.

Assurément, ils aimaient leur enfant — et ils l'aimaient inconditionnellement. Le père profita donc de la pause pour aller chercher son fils. Et il revint vers onze heures, accompagné d'un adorable garçon de neuf ans, au visage très pâle, éclairé par des yeux immenses, et complètement chauve à cause de son traitement.

Ils se sont tous les trois assis au premier rang. Le garçon semblait boire chacune de mes paroles.

Son père lui a alors donné une boîte de crayons et une feuille de papier. Afin qu'il se tienne tranquille, pensait-*il*. Pour *moi*, il s'agissait naturellement d'un signe de la Providence — et certainement pas d'un hasard.

A l'heure du déjeuner — c'était l'habituel plat de poulet qu'on nous servait cinq fois par semaine, aussi je n'y touchai pas *(rires)* —, le garçon est venu vers moi avec son dessin et m'a dit : « Voilà, docteur Ross, c'est un cadeau pour vous. » Je l'ai remercié et... traduire constitue l'essentiel de mon travail, vous savez. En fait, je suis avant tout une traductrice. Alors, quand j'ai vu ce qu'il avait dessiné, je lui ai demandé sans réfléchir : « Est-ce qu'on leur dit ? »

Il a immédiatement compris de quoi je parlais. Il a regardé un instant ses parents et il a répondu :

— Oui.

— Tout ?

Il les a regardés de nouveau avant d'acquiescer.

— Oui, je crois qu'ils sont capables de le comprendre.

Les enfants de neuf ans en phase terminale sont comme de vieilles âmes, dotées d'une grande sagesse. Tous les enfants atteignent cette sagesse, du reste, lorsqu'ils ont souffert, lorsque leur quadrant physique s'est détérioré avant l'adolescence. Dieu a créé l'homme d'une façon si miraculeuse que le quadrant spirituel, qui d'ordinaire ne se développe pas avant l'adolescence, s'ouvre dans ce cas plus tôt afin de compenser la perte des capacités physiques. En vérité, les enfants mourants sont, sur le plan symbolique, de vieilles âmes pleines de sagesse. Bien plus sages que les enfants en bonne santé, élevés dans une serre. C'est pourquoi nous disons toujours aux parents : « Ne protégez pas vos enfants ! Partagez votre angoisse et votre chagrin avec eux. Sinon, ils deviendront des handicapés affectifs. Car, tôt ou tard, les plantes finiront par sortir de la serre, et alors elles ne pourront résister au froid et aux intempéries. »

Je n'étais censée rester dans cette ville qu'une seule journée. Et, en règle générale, je ne veux pas travailler avec un patient ou risquer de blesser quelqu'un, si je ne suis pas sur place le jour suivant. Aussi, je procède toujours à une revérification. Par ailleurs, je n'avais guère confiance en la mère. Elle me semblait très vulnérable. Alors j'ai de nouveau posé la question au garçon :

— Est-ce qu'on leur dit tout ? Comprends-tu bien de

quoi nous parlons ? Dois-je expliquer ton dessin à tes parents ?

— Oui, je crois qu'ils peuvent le comprendre, m'a-t-il répondu après les avoir regardés une nouvelle fois.

Mais la mère me paraissait toujours aussi fragile. Alors je l'ai interrogée :

— Quelle est votre plus grande, votre plus terrible peur ?

— On nous a dit qu'il n'avait plus que trois mois à vivre, a-t-elle fait en commençant à sangloter.

J'ai regardé le dessin de Dougy et dit :

— Trois mois ? Non. C'est impossible. Complètement impossible. Trois ans peut-être. Mais trois mois, c'est complètement impossible.

Alors elle m'a serrée très fort dans ses bras et m'a remerciée.

— Ne faites pas ça, ai-je continué. Je me contente de traduire, de catalyser. C'est votre fils qui sait toutes ces choses. Je ne fais que transcrire sa connaissance intérieure. Ce n'est pas moi qui lui donne trois ans à vivre.

Avec Dougy, le courant passait bien. Durant la conférence de l'après-midi, je ne l'ai pas lâché des yeux. Vers cinq heures moins le quart, il a commencé à s'endormir. Alors j'ai mis fin à ma conférence car je voulais lui parler une dernière fois. « Dougy, lui ai-je dit, je ne peux pas téléphoner tous les jours en Virginie. Mais si jamais tu as besoin de moi, tu n'as qu'à m'écrire. Et puisque je reçois des centaines de lettres, écris toi-même l'adresse sur l'enveloppe. Pour moi, tu sais, les lettres d'enfants sont toujours prioritaires. Et, pour être sûr d'être dans la bonne pile, tu rajouteras la mention " personnel ". » Et je lui ai épelé le mot.

Comme je ne suis chez moi qu'un jour par semaine, j'ai seulement le temps de lire les lettres des enfants. Certains adultes, qui le savent, imitent leur écriture sur les enveloppes. Dans ce cas, je refuse de leur répondre, car je considère cela comme un abus de confiance, lequel ne peut qu'alimenter des sentiments négatifs.

Quoi qu'il en soit, j'ai attendu longtemps. Mais aucune lettre n'est arrivée. Alors, insidieusement, j'ai commencé à penser : « Mon Dieu, imagine qu'il soit mort. Et moi qui ai donné à ses parents de faux espoirs... » Bref, le mental qui s'emballe. Et plus le mental s'emballe, plus on devient inquiet et négatif. Mais un jour, j'ai fini par me reprendre : « Enfin, c'est ridicule. Mon intuition est *parfaitement* précise, je le sais, alors que ma réflexion est loin de l'être. Alors, oublions nos inquiétudes ! »

Et le lendemain de cette décision, j'avais une lettre de lui. La plus belle lettre que j'aie jamais reçue durant mes vingt années de travail avec les mourants. Elle ne faisait que deux lignes. « Cher docteur Ross, je n'ai qu'une seule question à vous poser. Qu'est-ce que la vie, qu'est-ce que la mort, et pourquoi les petits enfants doivent-ils mourir ? Affectueuses pensées de Dougy. »

Comprenez-vous pourquoi j'aime tant les enfants ? Parce qu'ils ne s'embarrassent pas de fioritures (*rires*). Naturellement, je lui ai répondu. Mais je ne pouvais pas lui écrire longuement, vous comprenez. Il fallait que j'adopte le même style que lui.

J'ai donc emprunté les vingt-huit feutres de couleur

de ma fille, puis j'ai plié plusieurs feuilles de papier, et confectionné ainsi un petit livre où chaque lettre était d'une couleur différente. Mais il manquait encore quelque chose, me semblait-il. Alors je l'ai illustré. Bref, il n'y avait plus qu'à le mettre à la poste.

Et c'est là que le problème a commencé. Voyez-vous, j'aimais vraiment ce petit livre *(rires)*. Je l'aimais tellement que j'avais une terrible envie de le garder — et mon mental est aussitôt arrivé à la rescousse. A mon sens, l'objectif le plus élevé dans la vie consiste à toujours faire le meilleur choix. Et garder cette lettre pour moi n'aurait certainement pas constitué le meilleur choix. Pourtant, une petite voix dans ma tête disait : « Tu as le droit de la garder. Tu pourras l'utiliser pour travailler avec les enfants mourants. Cela pourra aider leurs frères et leurs sœurs. » Et plus je trouvais de justifications, plus je comprenais que je devais me rendre à la poste au plus vite.

Alors, j'ai tranché : « Non, je ne vais pas attendre vingt-quatre heures pour en faire une photocopie. Je vais lui envoyer ma lettre sur-le-champ, parce que si elle arrive après sa mort, je me sentirai très mal. Cette lettre est pour lui, pas pour moi. »

Et j'ai fini par la poster.

Lorsque vous faites le meilleur choix, cela vous est toujours rendu au centuple. En effet, un mois plus tard — c'était en mars — il appela de Virginie pour me dire : « Je voulais vous offrir un cadeau pour mon anniversaire. » Et de m'expliquer qu'il avait montré ma lettre à tous les parents d'enfants mourants, et que tous en voulaient une copie. Il avait donc décidé de m'autoriser à la publier.

Nous l'avons imprimée et nous l'avons appelée *La Lettre de Dougy.*

A présent, je voudrais vous montrer les effets pervers du manque de sincérité. Dans un tel cas, même si vos motivations sont bonnes, vous finirez tôt ou tard par rencontrer de sérieuses difficultés. Il y a quelques mois, j'ai été invitée à New York pour un célèbre talk-show, le genre d'émission où vous parlez trois minutes devant dix millions de personnes sans pouvoir dire une seule chose importante. On vous pose une question, vous répondez, et c'est fini. Je me suis toujours demandé pourquoi les gens acceptent de faire de telles choses. Pourtant, je l'ai accepté moi aussi.

Au lieu de me demander quelles idées essentielles j'aurais aimé exprimer en trois minutes, ils m'ont questionnée sur la petite Jamie, dont j'ai décrit le cas dans l'un de mes livres. Le jour suivant, j'ai reçu une lettre très amère de Dougy. « Je ne vous comprends pas, m'écrivait-il. Pourquoi n'avez-vous parlé que de Jamie ? Pourquoi n'avez-vous pas parlé de moi ? Si tous ces gens avaient acheté *La Lettre de Dougy,* j'aurais pu à nouveau revoir mon papa. »

Son papa, comme bon nombre d'Américains, avait 200 000 dollars de dettes — qui correspondaient aux frais d'hôpital. Et pour les payer, il travaillait au noir et faisait des heures supplémentaires le week-end. Bref, il n'avait plus le temps de voir son garçon.

Je ne crois pas qu'ici, en Suède, vous soyez conscients de ce genre de problèmes. En fait, j'avais commis une énorme erreur : quand la famille de Dougy n'avait plus eu suffisamment d'argent, je leur avais envoyé un chèque. Et, pour ne pas jouer aux bienfaitrices, j'avais marqué au dos de ce chèque « droits d'auteur ». Autrement dit, je leur avais fait croire que cet argent provenait des ventes de *La Lettre de Dougy*. A présent, ce malheureux gosse attend son chèque tous les six mois. Et je ne sais vraiment plus quoi faire *(rires)*.

Ainsi, chaque patient vous enseigne quelque chose. Et ce quelque chose ne concerne pas seulement la mort et le mourir, mais la vie et le vivant.

## *Le sens de la souffrance*

Quand nous prenons vraiment le temps de nous asseoir à leur chevet, les mourants nous dévoilent toutes les étapes de l'agonie. En effet, lorsque vous savez que vous allez mourir bientôt, vous passez tour à tour de la dénégation à la colère (« Pourquoi moi ? »). Vous rejetez Dieu, ou bien vous marchandez avec Lui. Et vous tombez dans une terrible dépression.

Quelle signification l'espoir peut-il avoir pour vous, lorsque vous êtes en train de mourir ? Lorsqu'on vous apprend que vous êtes condamné, la première chose que vous vous dites, c'est : « Non, ce n'est pas possible, ça doit être une erreur. » Puis vous vous raccrochez à un espoir de guérison, ou à la possibilité d'une opération. Et comme cela ne marche pas, vous pensez que la chimiothérapie ou la visualisation — ou que sais-je encore ? — vous permettra au moins de soigner vos symptômes. Mais, malgré tous les médicaments qu'on vous donne, vous vous rendez compte que vous allez de plus en plus mal, Puis vous allez mieux de nouveau, puis plus mal. Ça ne cesse de monter et de descendre. Y a-t-il un moment où vous devez abandonner ? Non, à aucun moment vous ne devez abandonner. Chaque expérience faite par chaque être humain se révèle riche de sens. Elle vous enseigne quelque chose que vous n'auriez pu connaître autrement. Et Dieu ne vous donne jamais plus d'épreuves qu'il n'est nécessaire.

Lorsque vous surmontez une de ces épreuves, vous vous sentez bien pendant un certain temps. Puis, vous devenez aveugle, ou votre diarrhée reprend, ou n'importe quoi d'autre. Alors, si vous avez une âme de combattant, vous luttez, et si vous êtes quelqu'un de résigné, vous vous soumettez — mais la maladie, elle, ne s'en va pas. C'est pourquoi vous devez découvrir l'enseignement qu'elle recèle... Et si un autre être humain prend vraiment soin de vous, alors vous parviendrez peut-être au stade de l'acceptation.

En fait, tout cela ne concerne pas spécifiquement l'agonie. Nous parlons de « stades du mourir » parce que nous n'avons pas de meilleure expression à notre disposition. Mais si vous perdez votre fiancée ou votre travail, si vous devez quitter la maison où vous avez vécu pendant cinquante ans pour aller à l'hôpital, ou si vous égarez vos perruches ou vos verres de contact, vous passez exactement par ces mêmes étapes.

Alors, quel est le sens profond de la souffrance ? Toutes les privations, toutes les épreuves, tous les cauchemars que nous endurons au cours de notre vie, nous les percevons toujours comme des malédictions, comme autant de châtiments divins — bref, comme quelque chose de négatif. Dieu, si vous pouviez comprendre que rien de ce qui vous arrive n'est négatif ! Rien ! Les pires malheurs, les pires désastres que vous ayez eu à affronter — et dont vous avez cru ne jamais pouvoir sortir —, sont des dons de l'existence. Chacun d'entre nous est semblable à une lame qui doit être trempée.

Chaque épreuve est une possibilité qui nous est offerte, une possibilité de grandir. Grandir, se développer : voilà le seul but de l'existence sur la planète Terre. Et vous ne pouvez grandir si vous vous contentez de rester assis dans un jardin merveilleux et d'attendre qu'on vous apporte un succulent dîner sur un plateau d'argent. En revanche, vous grandirez à coup sûr si vous êtes malade, si vous souffrez, si vous perdez ce à quoi vous tenez. Ne vous cachez donc pas la tête dans le sable, mais affrontez la souffrance et apprenez à l'accepter, non comme une malédiction ou comme un châtiment, mais comme une offrande pleine de sens.

Je vais vous donner un exemple de cette approche. Dans l'un de mes ateliers, il y avait une jeune femme terriblement malheureuse. Elle n'avait pas eu à affronter la mort d'un enfant, mais plusieurs épreuves que nous appellerons, faute de mieux, des « petites morts ». Lorsqu'elle donna naissance à sa seconde fille, qu'elle attendait avec impatience, on lui apprit — d'une façon assez brutale — que cette enfant était gravement handicapée. En fait, elle ne pourrait même jamais reconnaître sa mère. A peine notre jeune femme avait-elle pris conscience de ce malheur que son mari la quitta. Elle se retrouva alors dans une situation extrêmement difficile, sans argent ni revenus, avec deux enfants dépendant entièrement d'elle.

Elle entra alors dans une période de dénégation absolue. Elle n'arrivait même pas à prononcer le mot « arriérée ».

Puis ce fut la colère — terrible — contre Dieu, qu'elle ne cessa de maudire. Non, Il ne pouvait pas exister — c'était impossible. Ou alors, c'était un ignoble... enfin, vous voyez. Et ce fut le marchandage — épouvantable : « Faites que mon enfant puisse être éduqué, ou au moins qu'il reconnaisse sa mère. » Jusqu'à ce qu'elle découvre le sens de tout cela. Et je voudrais simplement vous faire partager sa prise de conscience. Un jour, elle a commencé à comprendre qu'il n'y a pas de coïncidences dans la vie. Alors, elle a essayé d'observer vraiment son enfant — de découvrir quelle signification pouvait bien avoir sur cette Terre l'existence d'un petit être humain ressemblant à un légume. Et elle a trouvé la réponse — sous la forme d'un poème. Certes, elle n'est pas poète, mais son poème est émouvant. Dans ces vers, elle s'identifie à son enfant, qui s'adresse à sa marraine. Et c'est ainsi qu'elle a intitulé le poème : « Pour ma marraine ».

POUR MA MARRAINE

Qu'est-ce que c'est, au juste, qu'une marraine ?
Moi, je sais que tu es quelqu'un de merveilleux.

61

Tu as attendu mon arrivée pendant des mois.

Et tu m'as vue quand je n'avais que quelques minutes, et tu as changé mes couches quand je n'avais que quelques jours.

Tu en avais rêvé de ta première filleule.

Tu l'imaginais précoce comme ta sœur,

tu la voyais déjà à l'école, au collège et à ses noces.

Qu'allais-je devenir ? Un honneur pour ceux qui m'élèvent ?

Dieu a eu d'autres projets pour moi. Je suis simplement ce que je suis.

Personne n'a jamais parlé de moi comme d'une enfant précoce.

Quelque chose ne fonctionne pas bien dans ma tête.

Je serai à jamais une enfant de Dieu.

Je suis heureuse. J'aime tout le monde, et tout le monde m'aime.

Je ne sais pas dire beaucoup de mots,

mais je sais communiquer et comprendre l'affection, la chaleur, la tendresse et l'amour.

Il y a des gens magnifiques dans ma vie.

Parfois, je m'assois et je souris — et parfois je pleure.

Je me demande pourquoi.

Je suis heureuse, je suis aimée par des amis merveilleux.

Que puis-je demander de plus ?

Bien sûr, je n'irai jamais au collège, ni à la noce.

Mais ne sois pas triste. Dieu m'a conçue d'une façon bien particulière.

Je ne peux pas faire le mal. Je ne peux qu'aimer.

Et peut-être Dieu a-t-il besoin d'enfants qui aiment, tout simplement.

Te souviens-tu du jour de mon baptême ?

Tu me tenais, en espérant que je ne pleurerais pas — et que tu ne me lâcherais pas ?

Mais tout s'est bien passé. Ce fut un jour merveilleux.

Est-ce pour cela que tu es ma marraine ?

Je sais que tu es douce et chaleureuse, que tu m'aimes, mais il y a quelque chose de particulier dans tes yeux.

Je sens sur moi le regard et l'amour des autres.

Je dois être vraiment exceptionnelle pour avoir autant de mères.

Non, je ne serai jamais une réussite aux yeux du monde.

Mais je te fais une promesse que peu de gens peuvent tenir.

Comme je ne connais que l'amour, la bonté et l'innocence,

Nous resterons ensemble pour l'éternité, marraine.

Quelques mois auparavant, la même femme était prête à laisser son bambin ramper au bord de la piscine en espérant qu'il y tomberait alors qu'elle aurait été occupée à la cuisine. Comme on peut le voir, cette mère avait considérablement changé.

Et vous changerez de la même façon si vous apprenez à percevoir ce qui vous arrive sous un autre angle. Car les choses recèlent toujours plus d'un angle. Et ce, même si vous êtes un malade en phase terminale, ravagé par la souffrance et privé de toute compagnie. Certes, vous pouvez trouver injuste qu'on vous arrache à l'existence alors que vous n'avez pas commencé à vivre. Mais regardez toujours l'autre côté de la médaille — et en un clin d'œil, vous anéantirez toutes les stupidités qui ont encombré votre vie.

Lorsque vous parvenez à ce stade, vous pouvez aller vers l'autre et lui dire « je vous aime » — tant qu'il peut encore l'entendre —, le lui dire vraiment, sans aucun sentimentalisme. Quand vous comprenez que vous êtes ici pour un temps très court, vous ne faites que ce que vous aimez vraiment. Combien d'entre vous ici font-ils vraiment ce qu'ils veulent ? Je veux dire, *complètement* ? *(Quelques mains se lèvent.)* Combien ne font-ils pas ce qu'ils veulent ? *(D'autres mains, plus nombreuses.)* Etes-vous prêts à changer de travail dès la semaine prochaine *(rires)* ?

Vous ne devez faire que ce que vous aimez faire — voilà la chose importante. Alors, peu importe que vous soyez pauvre ou affamé, que vous ayez perdu votre voiture ou que vous logiez dans une maison délabrée — oui, peu importe, vous vivrez *totalement*. Et parvenu à la fin de vos jours, vous bénirez votre vie, parce que vous aurez accompli ce pourquoi vous étiez venu sur Terre. Sinon, vous vivrez comme une prostituée, vous n'agirez que pour obéir à telle ou telle raison, ou pour plaire à autrui. Et la mort de celui qui n'a jamais connu la vie ne peut être agréable.

Si, au contraire, vous écoutez votre propre voix, votre sagesse intérieure, bien plus vaste — en ce qui vous concerne — que celle de n'importe qui au monde, vous trouverez votre voie et vous saurez comment approcher la vie. Alors le temps ne comptera plus.

Apprendre l'amour inconditionnel — telle est notre leçon la plus difficile. Et Dieu sait combien elle est ardue. Virginia Satir, que certains d'entre vous connaissent peut-être, a décrit de fort belle façon la nature de cet amour. Ecoutons-la :

Je veux t'aimer sans m'agripper,
t'apprécier sans te juger,
te rejoindre sans t'envahir,
t'inviter sans le demander,
te quitter sans culpabiliser,
t'évaluer sans te blâmer
et t'aider sans t'offenser.
Si tu peux m'offrir la même chose,
nous pourrons vraiment nous rencontrer
et nous enrichir mutuellement.

# Le cocon et le papillon

C'est en 1947 que je suis venue en Suède pour la première fois. Et bien des choses ont changé depuis. Si, à cette époque, quelqu'un m'avait prédit ce que je ferais aujourd'hui, je ne sais pas, à vrai dire, si j'aurais eu le courage de continuer.

Il y a deux jours, à l'aéroport de Duisburg, j'ai été accueillie par des agents de la sécurité munis de leurs détecteurs d'explosifs. Et je me suis demandée pourquoi des policiers pouvaient se sentir menacés par quelqu'un qui s'occupe des enfants mourants.

J'interviens ici en tant que psychiatre afin de vous aider à comprendre les leçons essentielles que nous avons apprises en travaillant avec des mourants. Ceux-ci ne nous enseignent pas seulement une manière de mourir, mais également une manière de vivre — sans laisser le moindre travail en souffrance.

Ceux qui ont vécu pleinement n'auront jamais peur — ni de la vie ni de la mort. Pour vivre pleinement, vous ne devez en effet laisser aucun travail en souffrance, ce qui implique, bien sûr, que vous ayez été éduqué autrement que la plupart des gens. Si nos enfants étaient élevés d'une façon naturelle — c'est-à-dire tels que Dieu nous a créés —, nous n'aurions certes pas besoin de tous ces livres et de tous ces séminaires sur la mort et le mourir.

## *Les quatre quadrants*

Chaque être humain se compose de quatre quadrants : physique, émotionnel, intellectuel et intuitif/spirituel.

|  |  |
|---|---|
| Avenir | Présent |
| Passé | Proche avenir |

LES QUATRE QUADRANTS

A notre naissance, nous sommes exclusivement des êtres physiques. Pour grandir d'une manière naturelle, sans avoir peur de vivre ni de mourir, nous avons besoin, durant notre première année d'existence, de beaucoup d'amour, de baisers, de caresses — en un mot, de contacts physiques. A la fin de notre vie, lorsque nous sommes devenus des grands-pères ou des grands-mères, nous avons besoin, à nouveau, de ces mêmes contacts — d'être touchés, embrassés et aimés. C'est là un aspect de notre vie auquel nous n'accordons pas suffisamment d'attention. Dans notre société, les seuls êtres prêts à donner un amour inconditionnel, ce sont les personnes âgées, c'est-à-dire nos grands-pères et nos grands-mères.

Dans un monde où chaque génération vit séparément — les vieux dans les maisons de retraite, les malades dans les hôpitaux, les gosses à l'école, etc. —, la plupart des enfants, pour ce qui relève du quadrant physique, ne sont pas entourés d'une attention suffisante. Ce qui entrave le développement de leur quadrant émotionnel entre un et six ans, période où ils adoptent les comportements fondamentaux qui les marqueront pour la vie.

Nos enfants doivent être élevés dans un amour inconditionnel et dans une parfaite discipline — mais sans la moindre punition. La chose paraît évidente, mais elle est loin de l'être. Pourtant, il est *possible* d'aimer nos enfants même si nous détestons leur façon d'agir. Si nous nous montrons capables de les aimer, leur quadrant intellectuel se développe harmonieusement vers l'âge de six ans ; alors, ils découvrent la passion d'apprendre — et l'école constitue pour eux un défi, et non une menace.

Mon plus grand rêve avant de mourir serait de créer des centres E.T. — plus exactement, de transformer toutes les maisons de retraite en centres E.T. Y en a-t-il parmi vous qui n'aient pas vu le film ?

Les centres E.T., tels que je les imagine, seraient destinés aux jeunes Enfants et aux Très vieux. Il suffirait en effet de sauter une génération pour supprimer la plupart des problèmes. Les personnes âgées qui ont contribué au bien-être de la société pendant plusieurs décennies devraient avoir droit à un logement privé et confortable. En échange, elles n'auraient qu'une seule tâche à accomplir : prendre soin d'un enfant et le gâter plus qu'il n'est possible. Cet enfant, elles le choisiraient elles-mêmes parmi une ribambelle de bambins — que les parents leur laisseraient le matin avant d'aller travailler et viendraient rechercher le soir.

Le bénéfice serait mutuel. Les personnes âgées retrouveraient par là une forme de contact physique. Les petits enfants, on le sait, adorent les visages ridés. Ils adorent même les boutons — sur lesquels ils pianotent *(rires)*. Quant aux vieux, ils ont besoin de caresses, d'étreintes et de baisers — surtout lorsque ce sont des enfants qui les leur donnent. Ainsi, durant les cinq premières années de leur vie, les tout-petits apprendraient l'amour inconditionnel, total. Si vous avez connu un tel amour au début de votre existence, vous pourrez plus tard affronter n'importe quel désastre. Car l'amour inconditionnel imprègne la vie tout entière. Pourtant, les parents ne sont pas toujours les plus aptes à transmettre cet amour, pour la simple et bonne raison qu'ils ne l'ont parfois jamais connu.

Voilà, en quelques mots, comment j'imagine mes centres E.T.

Durant l'adolescence, enfin, notre quadrant intuitif et spirituel s'éveille naturellement. C'est ainsi, du moins, que nous devrions nous développer si nous suivions une évolution sans entraves. Le quadrant intuitif et spirituel constitue notre dimension omnisciente. C'est le seul quadrant de l'être humain que nous n'avons pas besoin de cultiver, puisqu'il nous accompagne depuis la naissance. Et lors de cette naissance, il nous a été accordé un deuxième présent : si nous perdons une chose, nous en obtenons une autre, plus importante encore. Par exemple, chez les enfants qui souffrent d'une leucémie ou d'une tumeur au cerveau, le quadrant physique se détériore. Mais ils reçoivent quelque chose d'autre en échange — ce dont nous ne sommes pas assez conscients, nous autres adultes : leur quadrant spirituel commence en effet à émerger, alors qu'ils n'ont, parfois, que trois ou quatre ans. Plus longue et plus terrible est leur souffrance, et plus leur quadrant spirituel se développe. Il s'agit souvent d'enfants chétifs — qui paraissent bien plus jeunes que leur âge — mais leur quadrant spirituel est si ouvert, si déployé, qu'ils parlent comme de vieux sages.

De tels enfants sont venus sur la Terre pour être nos maîtres. Si nous ne les écoutons pas, si nous pensons qu'ils sont trop jeunes pour connaître la mort, si nous ne les prenons pas au sérieux, nous serons alors perdants sur toute la ligne.

Nous sommes trop peu nombreux — et c'est bien là le problème — à laisser parler notre intuition, à écouter notre propre voix — et non celle des autres, qui nous dicte toujours ce qu'il faut faire. Pourquoi ? Parce que nous avons été élevés dans un amour *conditionnel*. Parce que nous n'avons cessé d'entendre les mêmes phrases sempiternelles : « je t'aime — si tu rapportes de bonnes notes à la maison », « je t'aime — si tu réussis à entrer à l'université », « mon Dieu, comme je t'aimerais si je pouvais dire un jour : voici mon fils le docteur... ». Nous avons été élevés dans cette croyance selon laquelle il est possible d'acheter l'amour. Certes, nos parents nous aiment, mais à une seule condition : que nous devenions ce qu'ils veulent que nous devenions. Et nous devenons des prostituées *(rires)*. Voilà bien le plus grand problème de notre monde : la prostitution — et tout cela à cause d'un seul mot : « si ». Il existe en effet des millions de gens sur notre planète qui sont prêts à faire n'importe quoi pour être sûrs que leurs parents les aiment. Je dis bien n'importe quoi. Ceux-là marchanderont ainsi jusqu'à la fin de leur vie. Mais qui marchande l'amour ne le trouve jamais. Car vous ne pouvez acheter le véritable amour. Voilà pourquoi certains mourants me disent — avec quelle tristesse ! : « J'ai eu une vie agréable, mais je n'ai jamais vraiment vécu. » Alors je leur demande : « Qu'est-ce que cela signifie pour vous : vivre vraiment ? » Et ils me répondent : « Eh bien, j'étais un brillant avocat, mais j'aurais tant voulu être un charpentier. »

Lorsque vous travaillez avec des agonisants, vous devez d'abord vous préoccuper de leurs besoins élémentaires — c'est-à-dire prendre soin de leur quadrant physique. En premier lieu — et par-dessus tout — vous devez veiller à ce qu'ils ne souffrent pas. Le bien-être physique et l'absence de douleur passent avant toute forme de soutien émotionnel ou spirituel. Comment voulez-vous aider un mourant sur le plan émotionnel ou spirituel s'il souffre trop ? Ce qui ne signifie pas pour autant qu'il faille l'abrutir avec des sédatifs, car alors il ne pourrait même plus communiquer.

En règle générale, nous donnons à nos patients un cocktail analgésique par voie orale — et ce avant même qu'ils ressentent la moindre douleur. Aussi ne souffrent-ils pas et restent-ils conscients jusqu'au moment de leur mort. Telles sont les conditions préalables à tout soutien émotionnel.

Lorsque les patients ne souffrent pas, lorsqu'ils ne se sentent pas abandonnés et qu'ils manifestent le désir de communiquer, vous pouvez alors vous occuper de leur quadrant émotionnel.

Mais comment communiquer avec un malade terminal qui ne peut plus dire un mot ? Comment communiquer avec un patient qui souffre d'une sclérose latérale amyotrophique ou qui vient d'avoir une congestion cérébrale et qui se retrouve à moitié paralysé ? Comment pouvez-vous savoir, par exemple, qu'il a envie que vous lui grattiez le dos ? Si vous n'êtes pas télépathe — très peu de gens le sont —, comment communiquez-vous avec lui ? Eh bien, vous fabriquez tout simplement une « table de communication » à l'aide de plusieurs listes : alphabet, parents et amis, parties du corps, besoins physiologiques, etc. Il suffit ensuite de descendre et de remonter ces listes avec son doigt — jusqu'à ce que le patient grommelle lorsque le doigt désigne le bon mot ou la lettre juste.

Cette table de communication est un véritable don de Dieu pour les patients atteints d'une sclérose latérale amyotrophique. Elle ne présente pas le même intérêt, en revanche, pour ceux qui ont eu une congestion cérébrale, car nombre d'entre eux ne peuvent comprendre les mots écrits. Pour ces patients-là, il est préférable d'utiliser des images.

Il est important que vous connaissiez l'existence de ce moyen de communication. Si un malade, bien qu'il ait conservé toute son intelligence, ne peut plus avoir aucun échange avec vous, vous finirez par le traiter comme un sourd-muet — car vous ne saurez pas le comprendre. Et mourir sans pouvoir communiquer est l'une des pires façons de mourir.

Il y a quelques années, j'ai vu en consultation — à la demande de sa femme — un homme d'âge mûr entièrement paralysé et qui ne pouvait plus parler depuis quatre ans.

Entre ses deux petits enfants et sa femme à bout de nerfs, ce patient suait l'angoisse. La seule chose qu'il pouvait exprimer, c'était une panique totale.

A l'aide de ma table, je lui ai demandé pourquoi il avait tellement peur. Et il m'a répondu que sa femme essayait de se débarrasser de lui.

— Se débarrasser de vous ? ai-je fait. Mais cela fait quatre ans qu'elle s'occupe de vous jour et nuit — vingt-quatre heures sur vingt-quatre !

— C'est bien pour ça qu'elle essaie de se débarrasser de moi. Elle en a jusque-là. Elle n'en peut plus. Elle s'est arrangée pour m'envoyer à l'hôpital.

Voilà. Il était tout simplement terrifié à l'idée de passer les dernières semaines de sa vie dans un hôpital — car il savait qu'on le mettrait sous respirateur.

Depuis quatre ans, cet homme avait vu ses enfants grandir — et il avait eu le courage d'affronter sa maladie. Et voilà que sa femme ne pouvait plus le supporter et voulait l'envoyer à l'hôpital. Il l'avait suppliée de le garder à la maison encore deux semaines. Il lui avait même promis de mourir bientôt, afin de ne plus être un fardeau pour elle.

En présence du malade et de ses deux enfants, j'ai alors interrogé la femme pour savoir ce qu'il en était. Elle m'a confirmé qu'elle avait effectivement pris des dispositions pour l'envoyer à l'hôpital — car elle était vraiment au bout du rouleau. Tous ceux qui ont pris soin d'un malade vingt-quatre heures sur vingt-quatre chaque jour que Dieu fait savent qu'aucun être humain ne peut se dévouer ainsi pendant quatre ans. Mais je n'arrivais pas à comprendre pourquoi elle ne pouvait tenir le coup quelques semaines de plus. Car lorsqu'un patient qui a tout son bon sens vous dit qu'il n'a plus que deux semaines à vivre, vous devez le croire !

Elle avait besoin d'un homme — tel était, pour aller vite, le fond de l'histoire. Non parce que cela lui paraissait difficile de vivre sans un homme — elle en avait pris l'habitude —, mais parce qu'elle avait besoin d'une personne solide qui puisse la remplacer de huit heures du soir à huit heures du matin. Afin qu'elle puisse enfin dormir une nuit entière ! Tous ceux qui parmi vous ont eu un jour un enfant malade savent qu'il s'agit d'une requête parfaitement raisonnable.

Je pense qu'il n'y a pas de coïncidences dans la vie — je préfère, pour ma part, parler de « manipulations divines ». Cette visite à domicile avait précisément eu lieu la veille d'un atelier de cinq jours que je devais diriger. « Vous savez, ai-je dit, je suis sûre de trouver l'homme qu'il vous faut dans cet atelier — et c'est sans doute la raison pour laquelle je suis ici ce soir. Cet homme, je vais le kidnapper et l'amener ici *(rires)* afin qu'il vous relaie toutes les nuits. Et au cas où ça ne marcherait pas, je reviendrai vous rendre visite. »

Cette femme croyait, elle aussi, aux manipulations divines. Elle me promit de tenir le coup pendant cinq jours encore.

Le lendemain, l'atelier commença. Nous avons toujours plus de femmes que d'hommes, naturellement. J'ai donc regardé les hommes *(rires)*. Tous les hommes de notre groupe, qui comptait quelque cent personnes. « Est-ce celui-ci ? Non. Celui-là ? Non plus. » Personne ne semblait faire l'affaire.

Le troisième jour, je commençai à me sentir nerveuse *(rires)*. D'ordinaire, mon intuition se révèle excellente. C'est lorsque je fais appel à mon intelligence que je rencontre des problèmes *(rires)*. Quoi qu'il en fût, je n'avais pas encore trouvé l'oiseau rare.

Alors un homme, qui n'avait pas encore dit un mot, a commencé à parler. Et au moment même où il a ouvert la bouche, je me suis dit : « Impossible, ce ne peut être lui. » Il parlait... comme un Californien *(rires)*. Il était assis en lotus. J'avoue que je n'ai jamais réussi à m'asseoir comme ça.

Et il nous a raconté comment il avait roulé sa bosse — d'atelier en séminaire, d'Esalen aux Himalayas. Il se nourrissait de riz complet et de légumes crus *(rires)*. Je ne peux pas le décrire de façon plus grotesque, mais c'était l'un de ces *vrais* extrémistes... *(rires)* atteints de « séminarite » aiguë. En général, je considère ces gens comme des parasites parce qu'ils ne travaillent jamais et se contentent de traîner d'atelier en atelier. Plus il parlait et plus je me disais : « Non, non. Je ne peux décemment pas leur envoyer un type pareil. »

A la fin de son intervention, il m'a dit : « Je veux suivre votre exemple. Je veux m'engager vraiment dans ce travail. » Et j'ai pensé : « Eh bien, tu vas voir ce que tu vas voir » *(rires)*.

— Es-tu prêt à travailler douze heures par jour ? lui ai-je demandé.

— Oui !

— Es-tu prêt à travailler avec un homme qui ne peut plus parler ?

— Oui !

— Qui ne peut même plus écrire ?

— Oui !

— Jour et nuit ?

— Oui !

— Sans être rémunéré ?

— Oui !

Plus je décrivais l'état du patient, et plus il s'excitait *(rires)*. J'ai donc fini par lui dire : « D'accord. Ton travail commence vendredi à huit heures du soir. »

Je dois préciser que je m'attendais plutôt à ce qu'il disparaisse dès la fin de l'atelier.

En fait, non seulement il a commencé à aider cette famille, mais il a accompli le meilleur travail que j'aie jamais vu faire auprès d'un malade terminal. Du massage de pieds à la lecture, en passant par la préparation de plats spéciaux. Il a vraiment pris soin de toute la famille. Jusqu'à rester deux semaines après la mort du patient pour s'assurer que tout allait bien.

La leçon que j'en ai tirée, c'est qu'il ne fallait jamais sous-estimer un Californien *(rires)*. Chaque fois que vous réagissez négativement à une personne ou à un événement, vous devez comprendre qu'il s'agit de votre propre problème, de votre travail en souffrance. Est-ce que vous en avez réellement conscience ? Ma réaction avait été guidée par des préjugés, aussi devais-je d'abord faire le ménage dans ma tête et comprendre pourquoi le riz complet et les légumes crus me rebutaient tant *(rires)*. Sans doute parce que je bois du café et que je mange des hamburgers — et que je suis particulièrement allergique à cette nourriture extrémiste *(rires)*. Voilà comment vous devez diagnostiquer votre propre blocage. Et ce diagnostic s'avère de la plus haute importance.

Ainsi, après avoir pris soin de votre patient sur le plan physique, après avoir trouvé un moyen d'établir le contact avec lui — et ce moyen existe toujours, puisque vous disposez de notre table de communication —, vous pouvez commencer à travailler sur le plan émotionnel.

Si vous souhaitez vraiment aider les mourants, vous devez d'abord leur demander ce que vous pouvez faire pour eux. Vous devez apprendre à les écouter, et ils vous révéleront, à partir de leur quadrant intuitif et non de leur quadrant intellectuel, ce dont ils ont besoin pour vivre, littéralement vivre, jusqu'à leur mort.

Mais vous devez aussi être conscient d'un fait : nombre de patients ne souhaitent pas que *vous* les aidiez. Ceux-là vous diront — poliment ou non — que vous n'avez qu'à rentrer chez vous. Alors, que pouvez-vous faire dans ce cas ?

Lorsqu'on offre son aide à un être humain et que celui-ci la refuse, on se sent terriblement rejeté. Mais imaginez que vous soyez en train de mourir dans un hôpital et que quelqu'un vienne vous proposer son assistance pour vous aider à régler vos affaires... Peut-être lui diriez-vous : « Non merci, pas question ! », car vous aimeriez choisir votre propre confident et vous n'apprécieriez sans doute pas qu'un administrateur d'hôpital fasse ce travail à votre place.

Nous devons toujours nous interroger lorsque nous avons l'impression d'être rejeté par un patient. Bien que ce rejet suscite en nous des réactions négatives, il nous permet en fait de mettre à nu notre propre travail en souffrance. Si nous avons suffisamment confiance en nous, si nous respectons vraiment notre métier, alors nous ne devons pas nous effondrer lorsqu'un patient nous dit : « Non merci, pas question ! » Tous les professionnels de la santé doivent comprendre cela s'ils ne veulent pas tomber dans le surmenage. En vérité, si vous avez transcendé vos propres blocages, vous pouvez travailler huit heures par jour avec des enfants mourants, vous pouvez affronter les pires tragédies qui soient sans pour autant brûler toutes vos forces.

crains, il ovrre l'utilité téléchronie de plir prevérit par vos
ces mal clenet bhoblès et donc ils n'est pas. Voilà
ce qu'est le « symbôme du surmenage ».

## Les cinq émotions naturelles

Dieu a créé l'homme avec cinq émotions naturelles.
Ce sont la peur, la culpabilité, la colère, la jalousie et
l'amour. Lorsque nous atteignons l'âge de six ans, ces
émotions naturelles sont littéralement dénaturées. Tout
ce qui opère sur le plan naturel entretient votre énergie ;
tout ce qui opère sur le plan non naturel vous épuise à
un tel point que vous tombez dans le *burnout* — le surmenage professionnel. Combien d'entre vous sont-ils
passés par là ? *(Quelques mains se lèvent.)* Et pourtant, ce
surmenage n'a aucune existence réelle *(rires et marques
d'étonnement)*. C'est comme si vous disiez : « C'est le diable qui m'a forcé à faire cela » *(rires)*. Le diable ne vous
force à rien si vous ne l'y aidez pas. Imaginons que vous
travailliez dans une unité de soins intensifs et que vous
ayez dû vous occuper de cinq mourants dans la même
journée. Vous vous préparez à partir, et voilà un sixième
patient ! Dont vous n'allez pas pouvoir vous débarrasser.
Alors vous pensez : « Je ne peux pas en prendre un de
plus. » Et vous n'avez personne avec qui vous puissiez
partager votre frustration, votre impuissance, votre rage,
votre colère, votre sentiment d'injustice. Comme vous
êtes tenu par l'obligation de soigner, vous refoulez toute
votre négativité — car vous ne pouvez vous mettre à
sangloter, à crier ou à frapper les autres médecins. Et
vous gardez un visage avenant. Tout en sachant bien
qu'après un moment vous allez exploser. Et si vous
n'explosez pas, vous serez complètement vidé. Et le len-

demain, il vous faudra téléphoner pour prévenir que vous êtes malade — alors qu'en fait vous ne l'êtes pas. Voilà ce qu'est le syndrome du surmenage.

Mais si vous redevenez parfaitement naturel, je puis vous assurer que vous pourrez travailler dix-sept heures par jour, sept jours par semaine, en conservant toute votre énergie. Parfois, vous aurez sans doute envie de dormir, mais vous ne tomberez jamais dans la négativité.

Je vais à présent évoquer brièvement les cinq émotions naturelles. Apprenons à les respecter et ne les transformons pas en émotions dénaturées.

En réalité, nous ne connaissons que deux peurs naturelles : celle de tomber de haut et celle des bruits violents et intempestifs. Si vous mettez un petit enfant ici *(elle montre l'estrade)* — n'importe lequel —, il ne sautera pas. A cause de cette peur congénitale des hauteurs.

Je m'occupe des morts et des mourants, et je n'ai pas peur de mourir. Mais si quelqu'un tirait une balle derrière moi, je baisserais la tête si vite que vous n'en reviendriez pas.

Ces peurs naturelles nous ont été données afin de nous protéger — elles nous aident à survivre, littéralement.

*(Elle se tourne vers le public.)* Quelles autres peurs connaissez-vous ? *(Silence.)* Aucune ? *(Quelques réponses çà et là.)* La peur de la mort, quoi d'autre ? L'échec. Les respirateurs. La solitude. Le fait d'être rejeté. Le vertige.

L'inconnu. Le qu'en-dira-t-on. Les serpents. Les rats. Les araignées. Les êtres humains *(rires)*. Etc.

Et toutes ces peurs « contre nature » finissent par vous empoisonner la vie — tant et si bien que vous les transmettez à vos enfants et aux enfants de vos enfants. Comme le dit superbement la Bible : « Les péchés de vos pères retomberont sur vos enfants et sur les enfants de vos enfants. » Telle est la vraie signification du péché originel.

A cause de ces peurs, quantité de gens gaspillent la plus grande partie de leur énergie. En réalité, tous leurs choix quotidiens sont dictés par la crainte. Au contraire, si votre existence est exempte de toute peur — hormis les peurs naturelles —, vous pouvez commencer à vivre pleinement. On croit prendre librement une décision alors qu'on est en fait l'esclave de peurs inconscientes. Combien d'enfants la peur du qu'en-dira-t-on a-t-elle tués ? Combien de suicides la peur de ne pas être aimé, d'être rejeté, de ne pas être un bon garçon a-t-elle provoqués ? Quand vous rentrerez chez vous ce soir, je veux que vous regardiez vos enfants et que vous vous demandiez sérieusement : quand je leur dis « je t'aime », est-ce réellement inconditionnel ?

Ceux qui n'ont pas peur de ce que disent leurs voisins, ceux qui n'ont pas peur de déplaire, ceux-là vivront une vie pleine et entière.

Souvent, quand je me retrouve devant le cercueil d'un enfant, les parents me disent : « Pourquoi lui en ai-je tant fait baver ? Pourquoi n'ai-je pas vu la beauté de mon enfant ? Pourquoi l'ai-je empêché de jouer de la batterie toute la nuit ? Je n'ai cessé de me plaindre, de me plaindre encore et encore. Aujourd'hui je donnerais n'importe quoi pour l'entendre taper sur ses cymbales. »

Le chagrin est une émotion naturelle — l'un des plus merveilleux présents qui aient été accordés à l'homme pour lui permettre de surmonter ses épreuves. Combien d'entre vous avaient-ils le droit de pleurer lorsqu'ils étaient petits ? Si nous permettions à nos enfants de pleurer lorsqu'ils font l'expérience des milliers de « petites morts » propres à la vie, ils ne deviendraient pas des adultes passant leur temps à s'apitoyer sur eux-mêmes. Le plus souvent, nous n'autorisons pas nos enfants à montrer leur chagrin. *(Elle se tourne vers le public.)* Que vous disaient vos parents lorsque vous pleuriez ? *(Elle répète les réponses du public.)* « Quand on est grand, on ne pleure pas. » « Tu es un pleurnichard. » « Va dans ta chambre puisque tu pleures. » « Mon Dieu, voilà qu'il recommence ! » *(Rires complices dans le public.)* Et la meilleure de toutes : « Si tu n'arrêtes pas, tu vas bientôt pleurer pour quelque chose ! » *(Rires et applaudissements.)* Plus tard, tous ces enfants ne sauront pas comment affronter leurs chagrins — et ils ne cesseront de s'apitoyer sur leur propre sort.

Si votre petite fille tombe de son tricycle et si vous la laissez pleurer sans en faire tout un plat, elle remontera quelques secondes plus tard sur son engin comme si de rien n'était. Ainsi, elle pourra se préparer à affronter les tempêtes de la vie — et elle ne deviendra pas une poule mouillée. Au contraire, elle ne cessera de gagner en force, car son cœur contiendra autre chose qu'une mare de sanglots refoulés.

Le chagrin étouffé peut occasionner de l'asthme et des

problèmes pulmonaires. Pour arrêter une crise d'asthme, par exemple, il suffit parfois d'aider le patient à pleurer. Cela ne signifie pas que le chagrin étouffé provoque en lui-même l'asthme, mais qu'il l'amplifie, ainsi que toutes les autres maladies pulmonaires. Si vous soignez des asthmatiques appartenant à une même famille et si vous les aidez à pleurer quand ils en ont besoin, ils se porteront sans doute beaucoup mieux.

Pour ce qui est de la colère, la situation apparaît encore plus grave. Les enfants, en effet, ne sont pas censés être coléreux. Pourtant, la colère naturelle d'un enfant ne dure pas plus de quinze secondes, juste le temps de dire : « Non, Maman ! »

*(Elle se tourne vers le public.)* Combien parmi vous ont-ils été fessés, battus, giflés, punis ou consignés dans leur chambre pour avoir eu un accès de colère lorsqu'ils étaient petits ? *(Silence dans le public.)* Une chose pareille n'existe-t-elle pas en Suède ? *(Rires.)* Je n'arrive pas y croire. Combien d'entre vous n'ont-ils *jamais* été punis pour s'être mis en colère ?

On accepte rarement que les enfants soient coléreux. Pourtant, les parents doivent savoir que cette colère naturelle ne dure que quinze secondes. Ensuite, les enfants n'y songent plus et ils continuent leurs activités. En revanche, si l'on ne vous permet pas d'exprimer votre colère et, pis encore, si vous êtes fessés, punis ou réprimandés, vous devenez des Hitlers, petits ou grands, débordant de rage, de vengeance et de haine. Le monde en est rempli. Car il y a effectivement un Hitler qui sommeille en chacun de nous. Grand ou petit.

Si vous avez le courage d'explorer toutes vos colères réprimées depuis l'enfance, de vous remémorer combien de fois vous vous êtes emporté contre quelqu'un — pour bien plus de quinze secondes —, vous découvrirez alors votre propre noyau de rage, de vengeance et de haine. Sur le plan physique, il s'agit de la pire forme de blocage. En effet, si vous gardez trop longtemps ces sentiments étouffés à l'intérieur de vous, ils finiront par affecter votre quadrant physique et votre santé.

Sur le plan de la maladie, la haine, qui est une déformation de la colère, fonctionne comme un véritable tueur. Chaque émotion « contre nature » a en effet son équivalent physique : un infarctus est par exemple l'expression d'une colère et d'une peur étouffées. Si vous appartenez à une famille dont les membres sont génétiquement enclins à l'infarctus vers la quarantaine, et si vous approchez de ce cap, ne manquez pas de venir dans l'un de mes ateliers. Je vous aiderai à vous débarrasser de votre colère et de votre peur. Vous n'avez sans doute jamais imaginé tout ce qui se trame à l'intérieur de vous — c'est comme une Cocotte-minute prête à exploser. Délivrez-vous de la colère et de la peur, et malgré cette épée de Damoclès, vous ajouterez des années à votre vie. Les émotions négatives refoulées sont les tueurs les plus terribles de notre société.

J'ai rendu visite un jour à un enfant mourant de huit ans. Ses parents ne cessaient de s'affairer autour de son lit. Dans la même chambre, un autre petit garçon se tenait assis près de la fenêtre, laissé à lui-même comme s'il n'appartenait pas à la famille. J'ai même pensé qu'il s'agissait d'un voisin. Personne ne lui parlait, et personne ne jugea bon de me le présenter. C'était comme s'il n'existait pas. Lorsque vous voyez les patients chez eux, vous apprenez beaucoup de choses. Je décidai donc de ne lui accorder aucune attention et de jouer le jeu de cette famille.

Au cours de la conversation, j'ai fini par comprendre qu'il s'agissait de Billy, le frère du malade. Il avait environ sept ans. Avant de m'en aller, je lui ai demandé de me faire un dessin. Et je me suis rendu compte aussitôt que si l'enfant mourant ne présentait aucun problème majeur, Billy, lui, souffrait plus que toute la famille réunie. Je l'ai donc interrogé, mais il n'a pu me répondre clairement. Alors, je lui ai suggéré de faire un nouveau dessin, ce qui m'a permis d'établir le contact.

A la fin de ma visite, je me suis levée et je lui ai dit :

— Billy, je veux que tu m'accompagnes à la porte.

— Moi ? a-t-il fait en sautant sur ses pieds.

— Toi, et toi seul.

Et j'ai jeté un regard en direction de la mère, en utilisant ce que j'appelle mon « œil d'aigle » *(rires)*. Ce qui signifiait grosso modo : « Toi, tu restes à ta place, et tu ne cherches pas à savoir ce que je fais avec ce petit garçon. » Elle a fort bien saisi mon message. Arrivé devant la porte, Billy m'a pris la main, m'a regardé droit dans les yeux et m'a dit : « Tu dois savoir que j'ai de l'asthme. » Et j'ai lâché étourdiment (la plupart du temps, je laisse parler mon intuition) : « Cela ne me surprend pas. »

Il m'a accompagnée jusqu'à la voiture. Et nous nous sommes assis sur le siège avant, en fermant la portière à moitié pour que ses parents ne nous entendent pas.

— Alors comme ça, tu as de l'asthme, ai-je fait.

— Et pourtant, je crois que ça ne suffit pas, a-t-il répondu tristement.

— Comment ça ?

— Mon frère a droit à des trains électriques, à des billets pour Disneyland — il a droit à tout ! Mais si je veux un ballon de football, Papa me regarde de travers. Et quand je lui demande pourquoi, il pique une colère et il me dit : « Tu préférerais peut-être avoir le cancer ? »

Comprenez-vous la logique de ces parents ? Comprenez-vous la tragédie de ce garçon ?

Les enfants prennent tout *au pied de la lettre*. Il n'est donc pas étonnant qu'ils somatisent si nous autres, adultes, nous leur affirmons de façon tout à fait explicite : « Si tu as le cancer, tu peux avoir tout ce que tu veux, mais si tu es en bonne santé, tu n'as droit à rien. » Un enfant à qui on tient un tel discours grandira avec un sentiment de haine et de vengeance, tout en ne cessant de s'apitoyer sur lui-même. Et peut-être finira-t-il par penser au fond de lui-même : « Plus mon frère est malade, plus il a de beaux jouets. Sans doute que je ne suis pas assez malade... » Voilà l'origine des maladies psychosomatiques. Ensuite, il va commencer à faire de l'asthme. Et plus il sera malade, plus il pensera obtenir tout ce qu'il veut. Jusqu'à devoir, à l'âge adulte, faire une crise d'asthme, voire une attaque, chaque fois qu'il désirera violemment quelque chose.

Il peut également souhaiter que son frère meure le plus rapidement possible afin que la vie redevienne normale — et qu'il ait droit de nouveau à sa part de gâteau. Ce qui ne manquera pas, naturellement, de le culpabiliser.

Nous avons très souvent affaire à cette forme de comportement antinaturel. C'est pourquoi nous devons aider les parents à comprendre au moins une chose : quand ils parlent à de jeunes enfants, ils doivent porter la plus grande attention à ce qu'ils disent car ceux-ci prennent tout au pied de la lettre.

Par ailleurs, il faut aider les enfants à épancher toute la peine qu'il ont pu accumuler à cause du manque d'amour. Ils doivent en effet pouvoir extérioriser leur chagrin en dehors de leur foyer, auprès d'un voisin ou d'un pasteur qui leur accordera toute l'attention qu'ils méritent. Faire comprendre à ces enfants qu'ils n'ont pas besoin d'avoir le cancer pour être aimés — voilà un bon exemple de médecine ou de psychiatrie préventive. Tous les enfants ont soif d'amour, et s'ils sont profondément aimés, ils ne se sentiront pas obligés de faire une crise d'asthme pour rivaliser avec un frère atteint du cancer.

Les enfants qui ont été aimés inconditionnellement et auxquels on a permis d'exprimer leur colère naturelle se comportent de façon radicalement différente. Lorsqu'il s'agit de mourants, ils sont capables de vous dire en quelques minutes s'ils souhaitent que leur traitement soit interrompu. Par l'intermédiaire de leur quadrant intuitif, ils savent qu'ils n'ont plus que quelques jours à vivre. Ceux-là diront à leur mère, à leur père, à leur médecin ou à leur infirmière : « Il est temps pour moi de rentrer à la maison. » Quand un patient vous affirme : « Je n'ai plus que quelques jours à vivre. Je dois maintenant rentrer à la maison », vous devez le croire, et même vous en féliciter. Quand vous savez qu'un patient sait qu'il ne vivra plus longtemps, vous pouvez trouver la force nécessaire pour interrompre son traitement.

C'est pourquoi le travail avec les mourants se révèle si merveilleux — à condition, toutefois, que vous ayez surmonté vos propres blocages et achevé votre travail en souffrance. Vous pouvez alors *écouter* le quadrant intuitif de vos patients. En vingt années de travail au chevet des mourants, enfants ou adultes, je n'ai jamais vu un seul patient qui ne savait pas qu'il allait mourir. Y compris les enfants de cinq ans, qui, du point de vue du quadrant intellectuel, n'ont pas la moindre idée de ce qui leur arrive. Et pourtant, ceux-là sont non seulement capables de vous dire ce qui ne va pas chez eux — à l'aide du dessin, naturellement, pas avec les mots de la science — mais encore de vous révéler le moment de leur mort. Dans ce cas-là, *si* les parents ne projetaient pas leurs propres désirs sur leur progéniture, *si* le médecin comprenait que ces tout jeunes patients se connaissent bien mieux qu'il ne le croit, le problème de la prolongation artificielle de la vie ne se poserait plus. Je vous en donnerai tout à l'heure un exemple pratique.

La jalousie est, elle aussi, une émotion naturelle et parfaitement positive. Elle favorise en effet l'émulation chez les tout-petits qui, en copiant leurs aînés, apprennent à faire du ski ou du skate, à lire ou à jouer de la flûte. Mais si vous dénigrez cette jalousie naturelle chez les enfants, si vous la tournez en ridicule, elle se transforme en épouvantable convoitise et en désir de compétition sans fin.

L'amour constitue le plus grand des problèmes — un problème qui pousse quasiment notre monde à l'auto-destruction. Si nous ne parvenons pas à comprendre ce qu'est l'amour, nous rencontrerons les pires difficultés, non seulement avec les mourants mais aussi avec les vivants. L'amour se présente sous deux aspects. Le premier consiste à rassurer autrui sur le plan physique — à le tenir, à l'étreindre, à le toucher. Et le second, plus important encore — bien qu'il soit oublié par la plupart des gens —, se fonde sur le courage de dire « non », dire « NON » en lettres capitales à la personne que vous aimez. Si vous êtes incapable de dire « non », c'est parce qu'il y a trop de peur, de honte ou de culpabilité en vous. Une mère qui lace les souliers de son enfant âgé de douze ans ne lui donne aucun amour véritable — car elle ne sait pas lui dire « non ».

Nous devons encore apprendre une autre façon de dire

« non ». Certains parents aiment *tant* leur enfant qu'ils ne le laissent pas traverser la rue tout seul ni sortir le soir avec des amis — bref, qu'ils ne lui permettent pas d'aller où bon lui semble. Ces parents-là n'ont pas appris à dire « non » à leurs propres désirs. En frustrant ainsi leur enfant, ils ne lui expriment aucun amour. Au contraire, ils projettent sur lui leurs propres peurs et leurs propres blocages.

Si la peur, la honte ou la culpabilité qui vous tenaillent sont trop importantes pour que vous puissiez dire « non » à vos enfants, vous formerez une génération d'handicapés affectifs, les dépossédant du meilleur de la vie, et vous privant vous-même de la plus belle expérience qui soit.

## Jeffy

Lorsque vous vous occupez d'enfants mourants, vous voyez les conséquences du manque d'amour. Alors, quand vous rentrez chez vous, vous essayez de pratiquer avec vos propres enfants ce que ces enfants mourants vous ont appris. Et ici, je songe tout particulièrement à Jeffy, un garçon leucémique âgé de neuf ans. Depuis six années, il passait son temps entre sa maison et l'hôpital. La dernière fois que je l'ai vu, il était à l'hôpital, extrêmement malade. Quelque chose au système nerveux. On aurait dit un petit bonhomme ivre. Sa peau était très pâle, presque décolorée. Il pouvait à peine se tenir debout. A cause de la chimiothérapie, il avait perdu ses cheveux plusieurs fois. Il ne pouvait plus supporter la vue des seringues. En fait, tout lui semblait douloureux.

Ce garçon, j'en étais bien consciente, n'avait tout au plus que quelques semaines à vivre. Quand vous avez pris soin d'un enfant pendant près de six ans, vous devenez tout naturellement un membre de sa famille.

Ce jour-là, un nouveau médecin, très jeune, était en train de faire sa tournée. Au moment où je suis entrée dans la chambre, je l'ai entendu dire aux parents de Jeffy : « Nous allons essayer une autre chimiothérapie. »

J'ai alors questionné les parents et le médecin. Avaient-ils demandé à Jeffy s'il voulait, *lui,* suivre une autre série de traitements ? Comme ses parents l'aimaient inconditionnellement, ils m'ont permis de lui poser cette question en leur présence. Et Jeffy m'a donné, dans son langage d'enfant, la plus belle réponse qui soit. Il a répondu tout simplement : « Je ne comprends pas pourquoi vous autres les adultes, vous rendez les enfants malades pour qu'ils aillent mieux. »

Alors, nous en avons discuté. Jeffy venait tout simplement d'exprimer ses quinze secondes de colère naturelle. Cet enfant possédait une autorité intérieure et un respect de lui-même suffisants pour avoir le courage de dire : « Non, merci. » De même, ses parents étaient capables d'entendre, de respecter et d'accepter de telles paroles.

Quand j'ai voulu dire au revoir à Jeffy, il a répondu : « Non, je veux être sûr qu'on me ramène à la maison aujourd'hui. » Quand un enfant vous déclare, avec un tel sentiment d'urgence : « Ramenez-moi à la maison *aujourd'hui* », il n'est pas question de tergiverser. En conséquence, j'ai demandé à ses parents s'ils voulaient bien s'en charger. Et ces parents-là avaient en eux assez d'amour et de courage pour le faire.

Et de nouveau, à ce moment-là, j'ai voulu le quitter. Mais Jeffy, avec cette simplicité, cette incroyable sincérité propres aux enfants, m'a dit : « Je veux que *tu* viennes à la maison avec moi. »

J'ai regardé ma montre, ce qui, en langage non verbal, signifiait : « Tu sais, je n'ai pas vraiment le temps de raccompagner chez eux tous les enfants dont je m'occupe. » Et sans que je prononce un seul mot, il a compris instantanément et a cherché à me rassurer : « Ne t'inquiète pas, cela ne prendra que dix minutes. »

Je l'ai raccompagné chez lui, en sachant que dans les dix minutes suivantes, Jeffy allait achever son travail en souffrance. Nous sommes rentrés tous ensemble — Jeffy, ses parents et moi. Et nous avons ouvert la porte du garage.

Jeffy a alors demandé à son père, d'une façon très naturelle : « Décroche ma bicyclette du mur. »

Cette bicyclette flambant neuve était suspendue à deux crochets sur le mur du garage. Jeffy caressait un rêve depuis longtemps : pouvoir faire, au moins une fois dans sa vie, le tour du pâté de maisons à vélo. Aussi son père lui en avait-il acheté un. Mais, à cause de sa maladie, il n'avait jamais pu l'utiliser. Et cette bicyclette était restée là, suspendue à ces crochets depuis trois ans.

Et maintenant, Jeffy voulait que son père la décroche. Les yeux pleins de larmes, il lui a demandé de visser les deux petites roues équilibrantes sur la roue arrière. Je ne sais si vous vous imaginez ce qu'il faut d'humilité à un garçon de neuf ans pour utiliser ces roues, d'ordinaire réservées aux petits enfants.

Et le père, qui avait, lui aussi, les yeux humides, a vissé les deux petites roues sur la bicyclette de son fils. Jeffy était comme ivre, à peine capable de tenir debout.

Alors Jeffy m'a regardé et m'a dit : « Quant à vous, docteur Ross, vous êtes ici pour retenir ma maman. »

Sa mère — Jeffy le savait parfaitement — avait un sérieux problème, un travail en souffrance. Elle n'avait jamais pu apprendre l'amour inconditionnel — elle n'avait jamais su dire « non » à ses propres désirs. Et son plus grand désir était précisément de porter son enfant malade sur cette bicyclette — comme s'il avait eu deux ans —, de le tenir bien fort et de faire le tour du pâté de maisons avec lui. Pourtant, si elle avait agi ainsi, elle l'aurait privé de la plus grande victoire de sa vie.

Alors je l'ai retenue — et son mari m'a retenue aussi... Et nous avons compris à quel point il est douloureux de se retrouver face à un enfant incurable qui doit, s'il veut sortir victorieux de son défi, prendre le risque de tomber et de se blesser.

Et Jeffy est parti.

Après ce qui nous a semblé être une éternité, il est revenu. Sans doute l'homme le plus fier que la terre ait porté ! Il rayonnait d'une oreille à l'autre. Comme s'il avait gagné une médaille d'or aux Jeux olympiques.

Il est descendu avec aplomb de sa bicyclette. Et il a demandé à son père, sur un ton d'autorité mêlé d'un certain orgueil, d'enlever les roues équilibrantes et de porter la bicyclette dans sa chambre.

Puis il s'est tourné vers moi et m'a dit, d'une façon

très belle et directe, et sans le moindre sentimentalisme :
« Et maintenant, docteur Ross, vous pouvez rentrer chez
vous. » Il avait effectivement tenu sa promesse. Tout cela
n'avait pris que dix minutes.

Mais il m'avait offert le plus beau cadeau qui soit : sa
grande victoire, l'accomplissement de son rêve le plus
fou. Ce qui n'aurait *jamais* été possible si nous l'avions
gardé à l'hôpital.

Deux semaines plus tard, sa mère m'a appelée pour
me raconter la fin de l'histoire.

Après mon départ, Jeffy leur avait dit : « Quand
Dougy [son frère] rentrera de l'école, il pourra monter
dans ma chambre. Mais je ne veux voir aucun adulte. »
C'était encore, comme vous pouvez le constater, une
variante du « non, merci ». Et ils ont respecté sa décision.

Une fois rentré chez lui, Dougy est allé voir son frère
immédiatement. Lorsqu'il est redescendu, un peu plus
tard, il a refusé de révéler à ses parents le contenu de leur
conversation.

Il fallut attendre deux semaines pour qu'il nous
raconte ce qui s'était passé durant cette visite.

Jeffy désirait tout simplement offrir sa bicyclette chérie
à son frère. Mais il ne pouvait attendre la date de l'anniversaire de Dougy — soit quinze jours plus tard —, car
il savait qu'il ne tiendrait pas jusque-là. En conséquence,
il voulait la lui donner sur-le-champ, mais à une seule
condition : qu'il n'utilise jamais ces saloperies de roues
équilibrantes *(rires)* ! Une autre façon d'exprimer les

quinze secondes de colère naturelle dont nous avons parlé...

Jeffy est mort une semaine après. Et Dougy a fêté son anniversaire quelques jours plus tard en partageant avec nous l'ultime secret de cette histoire magnifique.

Bien sûr, les parents ont eu beaucoup de chagrin, mais ils n'ont éprouvé aucune peur, ni honte ni culpabilité. Ils étaient en deuil, mais ils n'avaient pas de *travail* de deuil à accomplir (« Oh mon Dieu, si nous avions su l'écouter... »).

Ils gardaient en mémoire le visage rayonnant de Jeffy après son tour à bicyclette. Jeffy qui avait pu maîtriser une chose que la plupart d'entre nous, sans même penser à notre chance, considèrent comme évidente.

Les enfants savent parfaitement ce dont ils ont besoin. Ils savent quand leur temps est venu. Ils sont prêts à partager avec vous leur travail en souffrance. Et si vous ne parvenez pas à les écouter, c'est à cause de votre peur, de votre sentiment de honte et de culpabilité — à cause de votre propre attachement. En agissant ainsi, vous vous excluez vous-même de ces moments de grâce.

Mon prochain exemple de travail en souffrance n'a rien à voir avec la haine ou quelque deuil non résolu. Non, il a plutôt à voir avec la façon dont tout nous semble normal... *(Elle s'interrompt.)* A propos, combien d'entre vous n'ont-ils pas parlé à leur belle-mère depuis plus de dix ans ? Rassurez-vous, je n'attends pas de confessions publiques *(rires)*. Mais au moins, apprenez à vous interroger : pourquoi est-ce que je traite ainsi les gens qui ne m'approuvent pas ? Suis-je donc obligé de me venger par le silence ?

Si votre belle-mère meurt demain, vous dépenserez une fortune chez le fleuriste — mais cela n'aidera que le fleuriste *(rires)*. Mais si dès aujourd'hui, vous pensez que dix années de punition sont amplement suffisantes, allez lui apporter quelques fleurs. Cependant, ne vous attendez pas à ce qu'elle vous aime ou à ce qu'elle vous remercie. Elle pourra même vous les jeter à la figure, mais au moins *vous* aurez fait votre offre de paix. Si elle meurt demain, vous serez en deuil mais vous n'aurez pas de travail de deuil. Le deuil est une chose naturelle, un don de Dieu. Le travail de deuil, c'est toujours : « Ah si seulement j'avais su... »

Mais le travail en souffrance ne se limite pas à la colère, à la jalousie ou à la peine inexprimées — aux choses négatives. Il peut aussi avoir un effet dévastateur dans le cas d'une expérience positive que vous n'avez pas su partager avec votre prochain. Un professeur, par exemple, qui a exercé une profonde influence sur votre vie — mais que vous n'avez jamais pris le temps de remercier. Et voilà qu'il meurt brusquement — et vous pensez : « Mon Dieu, si au moins je lui avais écrit une lettre. »

Le meilleur et le plus court exemple de ce travail en souffrance qui peut vous hanter des années durant est la lettre suivante qu'une jeune fille a écrite à propos du Vietnam. Elle s'intitule « Si seulement... »

Te souviens-tu du jour où j'ai cabossé ta voiture toute neuve ?
J'ai cru que tu allais me battre, mais tu ne l'as pas fait.

Te souviens-tu du jour où je t'ai traîné à la plage ? Tu avais dit qu'il pleuvrait — et il a plu.

J'ai cru que tu me dirais « je te l'avais bien dit », mais tu ne l'as pas fait.

Te souviens-tu du jour où j'ai flirté avec tout le monde pour te rendre jaloux — et que j'y suis parvenue ?

J'ai cru que tu me quitterais, mais tu ne l'as pas fait.

Et du jour où j'ai taché ton pantalon neuf avec de la tarte aux myrtilles ?

J'ai cru que tu me laisserais tomber, mais tu ne l'as pas fait.

Et du jour où tu es venu en jeans à la réception parce que j'avais oublié de te dire qu'il fallait être en tenue de soirée ?

J'ai cru que tu me giflerais, mais tu ne l'as pas fait.

Il y avait tant de choses que je voulais me faire pardonner — le jour où tu reviendrais du Vietnam.

Mais tu n'es pas revenu.

Si quelqu'un a vraiment compté pour vous — que ce soit une grand-mère, une maîtresse d'école ou toute autre personne —, j'espère sincèrement que vous pourrez le lui dire avant qu'il meure. Achever le travail en souffrance, c'est aussi cela.

Si vous avez le courage d'être sincère, aussi sincère que le sont les enfants, vous pourrez comprendre où réside votre propre blocage. Délivrez-vous-en pour recouvrer votre complétude. Alors votre quadrant intuitif et spirituel s'éveillera. Vous n'avez rien à faire pour cela, sinon vous affranchir de votre propre négativité. Lorsque vous aurez développé ce quadrant, votre vie changera du tout au tout.

Alors, vous écouterez toujours vos patients. Vous les entendrez quand ils appelleront à l'aide. Vous comprendrez s'ils ont besoin de votre présence — ou de celle de quelqu'un d'autre. Et vous saurez aussi ce qui leur manque pour mettre leurs affaires en ordre.

Travailler avec les patients mourants devient alors une incroyable bénédiction. Et vous ne pouvez plus sombrer dans la dépression, car chaque fois que vous rencontrez le moindre blocage, semblable à une mauvaise herbe qui s'insinue partout, vous savez immédiatement qu'il vous faut désherber à nouveau votre propre jardin.

Lorsque vous achevez votre travail en souffrance, que vous transcendez vos haines, vos désirs réprimés et toute cette négativité qui ruine non seulement votre vie, mais aussi votre santé, vous vous rendez compte que le fait de mourir à vingt, cinquante ou quatre-vingt-dix ans n'a plus aucune importance — et vous n'avez plus le moindre motif d'inquiétude.

Et lorsque vous découvrez cette même source de connaissance chez autrui, chez ceux qui décèdent de mort soudaine, par exemple, vous comprenez que les enfants qui ont été assassinés ou renversés par une voiture savaient non seulement qu'ils allaient mourir mais aussi comment ils allaient mourir.

Plus vous êtes jeune, plus vous savez de choses — voilà ce que vous devez comprendre. Et moins votre tête sait de choses, plus votre cœur en apprend — enfin presque... Vous souffrez d'hypertrophie intellectuelle. Comprenez-vous bien ce que je veux dire ? Vous allez à l'école pendant des années et, ce faisant, vous perdez toute votre intuition. Car vous apprenez à tout analyser avec la tête en oubliant ce que votre cœur sait intuitivement. Pour tout dire, votre quadrant intellectuel est devenu une source de problèmes. Et vous devez apprendre à l'harmoniser avec votre quadrant intuitif. Mais c'est là une chose difficile.

Est-ce que vous comprenez ce que j'essaie de vous dire ? Achever votre travail en souffrance est la seule façon d'apporter un changement dans ce monde. Il est de la plus haute importance de guérir le monde avant qu'il ne soit trop tard. *Et vous ne pouvez guérir le monde sans vous guérir vous-même.*

*(Un auditeur pose une question.)* Est-ce que tout le monde a entendu la question ? *(« Non ! »)* Ce monsieur s'interrogeait sur les moyens que la société pourrait employer afin d'aider les mourants. Mais *vous* êtes la société ! En 1968, j'étais la seule personne qui travaillait avec les mourants aux Etats-Unis et qui enseignait cette science dans les écoles médicales et les séminaires théologiques. Aujourd'hui, rien qu'en Amérique, nous avons chaque année environ cent vingt-cinq mille cours sur la question. Cela commence toujours avec une seule personne — et vous pouvez être cette personne. En fait, vous l'êtes déjà.

En 1970, nous ne disposions que d'un seul centre pour les mourants. L'année dernière, dans la seule Californie, nous n'en comptions pas moins de cent. Ils poussent comme des McDonalds. Ce qui n'est pas en soi une bonne chose. Ces centres sont en effet très en vogue aujourd'hui. Chaque ville en construit, parce que c'est un moyen d'obtenir de l'argent du gouvernement, sans même parler des enjeux politiques. Mais tout ce qui se fonde sur le prestige, le profit ou l'ego — et non sur l'amour inconditionnel — n'a aucune valeur. Si dix mille personnes, ici en Suède, décidaient d'assister les mourants, enfants ou adultes, dans leur propre foyer, ou aidaient leurs voisins à le faire, alors tout pourrait changer. Tant que vous agirez bénévolement, sans obéir à la moindre motivation négative, vous accomplirez un merveilleux travail. Il suffit d'une ou de deux personnes courageuses. Peu importe que vous rencontriez l'hostilité du plus grand nombre ou que l'on vous accable d'injures, vous saurez que cela en vaut la peine. Voilà tout ce que je puis vous dire sur ce sujet.

(« Que faut-il dire à un enfant dont la mère vient de se suicider ? » demande quelqu'un dans le public.) Nous avons souvent affaire à des enfants dont la mère s'est suicidée. Il n'y a rien à leur prêcher, rien à leur dire a priori. Laissez l'enfant dessiner quelque chose et partager avec vous ce que ce suicide signifie pour lui. Laissez-le exprimer sa rage, sa colère, son sentiment d'injustice et son terrible chagrin. Ce n'est que lorsqu'il aura déversé toute cette angoisse que vous pourrez l'aider à comprendre pourquoi certaines personnes ne trouvent pas d'autre solution. Et vous devrez le faire avec compassion. Sans porter de jugement.

Mais vous ne pouvez agir ainsi tant que vous ne l'aurez

pas aidé à exprimer sa rage, son impuissance, sa colère. C'est exactement ce que nous faisons dans nos ateliers. Car, croyez-moi, tous ceux qui y viennent souffrent vraiment.

*(Elisabeth invite le public à poser d'autres questions sur le rapport des enfants à la mort avant d'aborder le prochain sujet de la soirée, qui concerne la vie après la mort. Néanmoins, nombre de gens commencent à poser des questions sur ce sujet. Dans un premier temps, elle ne répond qu'aux questions concernant les enfants — mais le public devient de plus en plus impatient. Elisabeth le sent et réagit en conséquence.)*

On me demande — avec impatience, semble-t-il : « Quand allez-vous parler de la vie après la mort ? » A une telle question, je ne puis que répondre : « Dès que mon travail sur terre sera fini *(rires)*. »

Beaucoup de gens cherchent à tout savoir sur la vie après la mort. Mais en fait, si l'on vit pleinement, en harmonie, sans négativité et sans le moindre blocage, on acquiert sa *propre* expérience. Vivre ainsi est la seule façon de s'ouvrir complètement à son quadrant intuitif et spirituel. Moi-même, je n'ai jamais rien accompli de particulier pour accéder à un état mystique. Je ne sais même pas m'asseoir pour méditer. Je mange de la viande, je bois du café, je fume, je ne suis jamais allée en Inde, je n'ai pas de gourou *(rires)* — et pourtant j'ai connu les plus belles expériences mystiques qui se puissent concevoir.

Je voudrais vous transmettre ceci : vous n'avez pas besoin de drogues, vous n'avez pas besoin d'aller en Inde, vous n'avez pas besoin d'un gourou ou de toute autre personne qui vous dicte ce qu'il convient de faire. Si vous êtes prêt, si cela ne vous effraie pas, vous vivrez vos propres expériences spirituelles. Si vous n'êtes pas prêt, en revanche, vous ne croirez pas un seul mot de ce que je vous dis.

Mais si vous *savez* déjà, rien au monde ne pourra vous forcer à croire le contraire.

Voyez-vous bien la différence entre *savoir* et *croire* ? Dans le premier cas, quoi qu'il puisse vous arriver, vous savez que la mort n'existe pas. J'ai recueilli plus de vingt mille cas concernant les expériences du seuil de la mort. Pourtant, je n'ai pas jugé nécessaire de continuer. J'avais cru, au départ, que mon travail consistait tout simplement à apprendre aux gens que la mort n'existe pas — mais c'était une pure illusion.

Car j'ai découvert très tôt *(elle parle avec une ombre de souffrance dans la voix)* — et le prix en fut assez élevé — que ceux qui sont prêts à écouter le savent déjà, tout comme mes enfants — lorsqu'ils y sont prêts — savent qu'ils sont en train de mourir. Au contraire, ceux qui n'y croient pas, ceux auxquels vous pourriez donner — en vain — un million d'exemples, attribueront toujours de telles expériences au « manque d'oxygène ». Ce qui n'a d'ailleurs aucune importance, puisqu'ils comprendront ce qu'il en est lorsqu'ils seront morts *(rires et applaudissements)*. Enfin... s'ils ont besoin de rationaliser ce genre de choses, c'est leur problème.

Quoi qu'il en soit, je vais vous dire à présent ce que vous avez besoin de savoir — si cela peut vous aider.

Ceux qui mènent des recherches sur la vie après la

mort doivent le faire — c'est là un point capital — d'une façon scientifique et systématique. Car si l'on n'utilise pas un langage adéquat, ce domaine apparaît complètement irrationnel.

J'ai accompagné des mourants pendant les vingt dernières années. A vrai dire, quand j'ai commencé ce travail, je n'éprouvais aucune fascination particulière pour le sujet — et je n'avais pas non plus d'image très claire de la mort en elle-même, si ce n'était, naturellement, celle définie par la médecine. Pourtant, lorsqu'on examine cette définition de la mort, force est de constater qu'elle se contente de décrire la fin du corps physique — comme si l'homme n'était constitué que d'un cocon.

Je faisais partie des médecins qui ne mettaient jamais en question une telle définition. Toutefois, dans les années soixante, notre profession a dû s'adapter à un nouvel environnement : transplantations, congélation des êtres humains, etc. Les gens ont commencé à croire qu'ils pourraient vaincre la mort avec de l'argent et de la technologie. On a ainsi congelé des personnes décédées en leur promettant de les décongeler « vingt ans plus tard » — le temps de trouver un remède au cancer. Cela a sans doute constitué le sommet de notre arrogance et de notre stupidité. L'apogée de notre ignorance, de notre prétention — car refuser notre mortalité, c'est renier nos origines. Cela équivalait à croire que la vie n'avait plus de sens, que notre existence dans le monde physique devait durer éternellement et que la qualité de la vie était moins importante que le nombre d'années vécues.

A cette époque, surtout aux Etats-Unis, les choses sont

devenues plus difficiles dans notre profession. Je me souviens d'un jour où nous avions douze parents dans la salle d'attente — alors que nous ne pouvions sauver qu'un seul enfant. Notre équipement était insuffisant, et nous devions choisir un enfant parmi les douze pour le mettre sous dialyse. Lequel méritait le plus de vivre ?

Ce fut un terrible cauchemar.

Puis est venu le temps des transplantations : le foie, le cœur — on a même évoqué à l'époque la transplantation du cerveau. La question de la prolongation de la vie est alors devenue si complexe qu'elle a entraîné nombre de procès. Certains médecins, par exemple, ont été poursuivis pour avoir prélevé un organe sur une personne considérée comme encore vivante, d'autres au contraire pour avoir prolongé une vie sans nécessité.

Lorsqu'un accident touche une famille tout entière, il est parfois d'une importance vitale — du moins pour les compagnies d'assurances — de savoir lequel de ses membres est mort le premier, même si ce n'est qu'une question de minutes. Il s'agit, là encore, d'une question d'argent.

En fait, tous ces problèmes m'auraient laissée indifférente si je n'avais eu à les résoudre quotidiennement sur le terrain. D'une nature sceptique — pour ne pas dire plus —, je ne m'intéressais guère à la question de la vie après la mort. Et pourtant, je ne pouvais m'empêcher d'être impressionnée par la fréquence de mes propres observations. Tant et si bien que j'ai commencé à me demander pourquoi personne n'avait jamais creusé le problème *réel* de la mort — non pas pour quelque raison scientifique, ni pour être couvert en cas de procès, mais simplement par curiosité naturelle.

Un jour, alors que l'hôpital devait faire face à plusieurs procès, j'ai eu une discussion approfondie avec un merveilleux pasteur noir — celui-là même qui m'avait aidée à mettre sur pied les premiers séminaires sur la mort et le mourir à l'université de Chicago. J'appréciais beaucoup cet homme, et notre « symbiose » était parfaite. Ce jour-là, nous avons examiné ce que nous pouvions faire pour retrouver le véritable sens de la médecine. (J'étais, ne l'oubliez pas, un médecin de campagne à l'ancienne arrivant tout droit de Suisse, et j'avais conservé mes idéaux de jeunesse.) Jusqu'à ce que nous finissions par mettre le doigt sur le problème : nous n'avions aucune définition valable de la mort.

L'homme existe depuis quarante-sept millions d'années — et depuis sept millions d'années dans cette présente existence, laquelle comporte une dimension divine. Chaque jour, sur toute la planète, des gens meurent. Pourtant, alors que notre société se révèle capable d'envoyer un homme sur la Lune et de le ramener sain et sauf, elle n'a jamais fait le moindre effort pour parvenir à une définition complète et actualisée de la mort humaine. N'est-ce pas là une chose singulière ?

Certes, nous avons des définitions, mais elles comportent toutes des exceptions. Si vous avez tenté de vous suicider avec des barbituriques, par exemple, vous pouvez avoir un électro-encéphalogramme plat et pourtant être ramené à la vie normale sans aucun dommage pour votre cerveau. Toute définition qui présente des exceptions ne saurait par nature être considérée comme complète.

Alors, dans mon enthousiasme juvénile, j'ai déclaré à mon ami pasteur : « Devant Dieu, je jure de vivre assez longtemps pour trouver une véritable définition de la mort. » Je pensais, de façon quelque peu naïve et enfantine, que si nous possédions une définition de la mort, nous pourrions en finir avec toutes ces histoires de procès et retrouver notre véritable fonction : guérir et soigner.

A l'époque, je m'entendais plutôt mal avec les pasteurs. Ils parlaient beaucoup, mais ne croyaient pas à ce qu'ils disaient et ne le vivaient jamais eux-mêmes. Alors j'ai lancé un défi à celui-là : « N'est-ce pas vous, les pasteurs, qui proclamez du haut de votre chaire : " Demandez et vous serez exaucé " ? Alors, je vais vous demander quelque chose : aidez-moi à mener mes recherches sur la mort. »

## L'expérience du seuil de la mort

Il est dit quelque part : « Demandez et vous serez exaucé. Frappez à la porte et l'on vous ouvrira. » Ou, dans un autre langage : « Le maître apparaît lorsque l'élève est prêt. » En ce qui me concerne, cela s'est toujours révélé juste. Quelque temps après avoir débattu de cette importante question, et décidé de la résoudre, nous avons eu la visite de deux infirmières. Celles-ci nous ont rapporté le cas d'une femme, Mme Schwartz, qui s'était retrouvée une quinzaine de fois en unité de soins intensifs.

Alors qu'on s'attendait toujours à sa mort, elle ressortait chaque fois de l'hôpital pour rentrer chez elle durant quelques semaines ou quelques mois. Ce fut notre premier cas — notre première expérience du seuil de la mort.

Durant cette période, j'avais l'impression que ma sensibilité ne cessait de s'accroître. Et j'observai d'autres phénomènes inexpliqués chez des patients sur le point de mourir. Nombre d'entre eux « hallucinaient » la présence d'êtres aimés avec lesquels ils parvenaient apparemment à communiquer, mais que je ne pouvais, quant à moi, ni voir ni entendre.

Je me rendis compte, également, que même les malades les plus difficiles, les plus violents, commençaient, juste avant de mourir, à se détendre profondément, à trouver une forme de sérénité au-delà de la douleur — et ce même si leur corps était rongé par les métastases. En outre, au moment même de la mort, leurs visages exprimaient un incroyable sentiment de paix et d'équanimité, sentiment dont je ne parvenais à saisir la cause puisque cette mort survenait parfois durant un accès de colère ou de dépression.

Ma troisième observation était plus subjective. Je m'étais toujours montrée très proche de mes patients, m'impliquant profondément et de tout mon cœur dans cette relation. Nous entretenions des rapports intimes et riches de sens. Pourtant, dès qu'un malade mourait, je n'éprouvais plus rien pour lui — de sorte que je me demandais si mon comportement était normal. Quand je regardais le corps d'un mourant, il m'évoquait un manteau d'hiver, un manteau que l'on range à la venue du printemps parce qu'on n'en a plus besoin. L'image, incroyablement claire, qui me venait à l'esprit était celle d'une coquille, où le patient que j'avais aimé ne se trouvait plus.

Nous avons alors découvert qu'il était possible de mener des recherches sur la vie après la mort. Et cette découverte fut pour moi une expérience bouleversante. Je vous résumerai simplement ce que nous avons appris au cours de ces nombreuses années, en étudiant le phénomène que nous appelons « expérience du seuil de la mort ».

Au début, nous espérions recueillir une vingtaine de cas. Nous en possédons aujourd'hui plus de vingt mille. Nous ne les avons jamais portés à la connaissance du public — et j'en suis heureuse. En effet, beaucoup parmi ceux qui souhaitaient partager leur expérience commençaient toujours par cette mise en garde : « Docteur Ross, je veux bien vous confier ce que j'éprouve, mais il faut me jurer que vous ne le raconterez pas à quelqu'un d'autre. » Leur réaction était quasiment paranoïaque. En effet, cette expérience représentait pour eux quelque chose de profondément sacré. Mais lorsqu'ils se confiaient à leurs proches, ils avaient droit en général à une tape amicale dans le dos et à des réactions du genre : « Eh bien, c'est à cause des drogues qu'on te donne », ou « Il est normal que tu aies des hallucinations dans un moment comme ça. »

Sans parler des différentes étiquettes psychiatriques dont on les affublait, ce qui, naturellement, les déprimait encore plus. Nous avons toujours besoin d'étiqueter les choses que nous ne comprenons pas. Mais il y a tant de choses dont nous ne savons rien. Ce qui ne signifie pas, bien sûr, qu'elles n'existent pas.

Nous avons recueilli ces cas aussi bien aux Etats-Unis qu'en Australie et au Canada ; le plus jeune de nos mourants avait deux ans, le plus vieux quatre-vingt-dix-sept. Nos patients formaient un véritable éventail culturel et religieux : Eskimos, Hawaïens, aborigènes australiens, hindous, bouddhistes, protestants, catholiques, ainsi que quelques athées ou agnostiques. Cette vaste diversité culturelle nous apparaissait nécessaire, car nous voulions mettre l'accent sur le caractère proprement *humain* de cette expérience, par-delà toute forme de conditionnement, religieux ou autre.

Un autre fait capital doit être ici relevé. Ces expériences ont eu lieu indifféremment après un accident, une tentative de meurtre, un suicide ou durant une longue agonie. Par ailleurs, plus de la moitié de nos cas sont des expériences de mort apparente subite. Dans une telle situation, le patient ne peut en aucune manière se préparer à l'expérience, ni l'anticiper.

Tous ceux qui parmi vous sont prêts à entendre la vérité n'auront pas à chercher bien loin pour recueillir leurs propres cas. Lorsque les enfants mourants voient que vous êtes motivé, ils partagent librement leur expérience. Mais dès que vous vous montrez négatif, ils le sentent et se referment aussitôt. Si vous parvenez à vous affranchir de votre propre négativité, alors tout s'ouvrira devant vous — et je n'exagère pas. Vos patients en seront conscients et ils se confieront à vous. Et — vous le découvrirez petit à petit — ils vous offriront toutes les informations dont vous avez besoin, toute la connaissance que vous êtes prêt à accepter — mais pas plus. Dans ce domaine, en effet, certains sont plus avancés que d'autres.

Assurément, vous obtiendrez toujours ce dont vous avez besoin, mais pas toujours ce que vous voulez. C'est là une loi universelle.

Très sérieusement, je crois que vous ne savez pas, sur le plan le plus profond, qui vous êtes. Vous vous regardez dans le miroir chaque matin et vous vous trouvez trop gros, trop maigre ou trop ridé. Mais tout cela n'a *aucun* sens. Vous êtes beau parce que vous êtes vous, parce que vous êtes unique. Parmi les milliards de gens qui vivent sur terre, il n'y en a pas deux semblables. Pas même les triplés identiques. Et je suis moi-même une triplée.

En mémoire des enfants d'Auschwitz et de Maïdanek, nous utilisons le modèle du cocon et du papillon. Chacun d'entre vous est semblable à un cocon. Ce cocon, c'est ce que vous voyez dans le miroir. Il n'est que la demeure éphémère de votre moi *réel*. Lorsque ce cocon est gravement endommagé — et qu'il ne peut plus être réparé —, vous mourez. A cet instant, le cocon, qui est constitué d'énergie physique, engendre — symboliquement parlant — le papillon.

Que la destruction du cocon soit consécutive à un meurtre, à un suicide, à une mort soudaine ou à une longue agonie, chacun possède la même expérience subjective de la mort. La cause de la mort ne modifie en aucune manière l'expérience subjective du moment de la mort.

La part immortelle qui est en vous s'échappe alors de votre coquille physique. Ce que l'on enterre ou ce que l'on brûle, ce n'est pas vous, mais le cocon. Cela est très important à comprendre. Lorsque nous travaillons avec des petits enfants, par exemple, nous leur décrivons ce processus. En cet instant de délivrance, vous devenez splendide. Bien plus beau que vous ne l'êtes aujourd'hui. Vous devenez parfait. Les mutilations, comme les mastectomies ou les amputations, ne vous accompagnent pas dans la mort. Car votre corps n'est plus constitué d'énergie physique, mais d'énergie psychique.

## Les dénominateurs communs

Nous allons à présent examiner les trois dénominateurs communs que nous avons découverts.

Lorsque nous quittons notre corps physique, toute forme de panique, de peur ou d'anxiété disparaît. Nous passons dans la toute-conscience. Cette toute-conscience est supérieure à la conscience parce qu'elle inclut tout ce qui advient dans l'environnement de notre dépouille physique : ce que pensent les gens qui se trouvent près de nous, comment ils se justifient ou se mentent à eux-mêmes, etc.

En de tels instants, nous gardons le sentiment de notre intégrité physique. Nous sommes totalement conscients de l'environnement dans lequel l'accident ou le décès est survenu, qu'il s'agisse d'une salle d'hôpital, de notre propre chambre à coucher, de l'endroit où a eu lieu notre accident de voiture ou le crash de notre avion. De même que nous percevons parfaitement la présence des infirmiers qui travaillent dans l'équipe de réanimation ou celle des secouristes qui tentent d'extirper notre corps d'un enchevêtrement de ferrailles. Nous regardons tout cela, comme si nous nous trouvions à deux ou trois mètres au-dessus de la scène, dans un état d'esprit plutôt détaché — quoique nous ne puissions parler d'« état d'esprit » dans de telles circonstances, puisque, dans la plupart des cas, le cerveau ne fonctionne plus. Tout cela se produit alors même que notre électro-encéphalogramme est plat et, le plus souvent, au moment où les médecins considèrent que nous ne présentons plus aucun signe de vie.

Notre second corps, dont nous faisons l'expérience en cet instant, n'est pas de nature physique mais éthérique. Nous évoquerons plus tard les différences entre les énergies physique, psychique et spirituelle, qui sont à l'origine de ces formes.

Nombre de patients qui ont été réanimés avec succès n'apprécient pas toujours — et nous pouvons les comprendre — de se retrouver comprimés dans leur cocon. Car, en même temps que la réanimation de leurs fonctions corporelles, ils doivent accepter les souffrances et les handicaps inhérents à celles-ci.

Le corps éthérique, lui, ne connaît ni souffrances ni handicaps. Certains de mes collègues se demandent s'il ne s'agit pas simplement d'une projection de nos désirs, ce qui serait tout à fait compréhensible. Si quelqu'un a été paralysé, aveugle, muet ou handicapé pendant de nombreuses années, il peut effectivement attendre avec une grande impatience le moment où il ne souffrira plus. Mais il est très facile d'évaluer s'il s'agit ou non d'une projection.

La moitié de nos cas concernent des expériences du seuil de la mort consécutives à des accidents soudains et inattendus. C'est-à-dire que les patients étaient incapables de prévoir ce qui allait leur arriver, comme dans l'exemple de cet homme qui, fauché par un camion, avait perdu une jambe. Alors qu'il était « sorti » de son corps, il avait pu voir sa jambe coupée gisant sur l'autoroute, tout en étant pleinement conscient d'avoir conservé ses deux jambes sur le plan parfait du corps éthérique. On ne peut prétendre que cet homme savait qu'il allait perdre sa jambe et projeter, en conséquence, son désir de marcher à nouveau.

Il existe, du reste, un moyen très simple d'exclure cette hypothèse. Il consiste à demander aux patients aveugles à quoi ressemble leur expérience du seuil de la mort. S'il s'agissait simplement de la réalisation d'un désir, ces gens se montreraient incapables de décrire en détail leur environnement.

Nous avons ainsi interrogé plusieurs aveugles. Ils ont non seulement été capables de nous dire qui était entré le premier dans la chambre, qui travaillait lors de la réanimation, etc., mais aussi de nous détailler précisément les vêtements des personnes présentes — toutes choses qu'un aveugle, eût-il pris ses désirs pour la réalité, n'aurait jamais pu accomplir.

Vous devez comprendre que nous ne parlons pas ici de la résurrection telle qu'elle est décrite dans le christianisme. Le corps qui est le nôtre à ce moment est une forme très éphémère, créée par l'énergie psychique afin de faire de notre mort une expérience heureuse et non effrayante.

Après avoir franchi un passage qui symbolise la transition, passage déterminé culturellement — ce peut être une porte, un pont ou un tunnel —, nous commençons à entrevoir une lumière. C'est une lumière au-delà de toute description. Plus blanche que le blanc, plus lumineuse que la lumière. Et lorsque nous en approchons, elle nous enveloppe d'un amour inconditionnel. Si nous faisons ne serait-ce qu'une seule fois pareille expérience, nous ne pouvons plus jamais avoir peur de la mort. La mort n'est pas horrible. C'est ce que nous faisons de notre vie qui pose un problème.

Ceux qui perçoivent cette lumière possèdent, durant un court instant, la connaissance absolue. Malheureusement, s'ils doivent revenir — car c'est une expérience du *seuil* de la mort —, ils en oublient la plus grande partie. Pourtant, nombre d'entre eux se souviennent d'une chose — dont chacun, me semble-t-il, devrait être conscient : nous sommes entièrement responsables de notre vie, et nous n'avons pas le droit de critiquer, de blâmer, de juger ou de haïr. Nous, et nous seuls, portons la responsabilité de l'ensemble de notre vie. Et cette prise de conscience change radicalement l'ordre de nos priorités.

En présence de cette incroyable clarté, que les gens, selon leurs origines, appellent « Christ », « Dieu », « Amour » ou « Lumière », nous sommes tenus pour responsables de tout ce que nous avons accompli. Et nous comprenons alors pourquoi nous avons trop rarement fait le meilleur choix, et combien nous avons souffert des conséquences de nos décisions.

En cet instant, nous découvrons que l'amour est la seule chose qui importe. Tout le reste — nos réussites, nos diplômes, nos manteaux de vison, l'argent que nous gagnons — a perdu sa raison d'être. Nous comprenons aussi que ce que nous faisons est de peu d'importance. Ce qui importe, c'est *comment* nous le faisons. Et nous devons le faire avec amour.

Au sein de cet amour total et inconditionnel, non seulement nous revoyons chaque geste de notre vie, mais encore chaque pensée et chaque mot de notre existence totale. Et nous possédons la connaissance absolue. Cela veut dire que nous savons comment nos pensées ou nos décisions, nos gestes ou nos mots ont influencé autrui. Notre vie n'est littéralement rien d'autre qu'une école, où nous sommes mis à l'épreuve, comme passés dans une machine à tambour. Il ne tient qu'à nous, et à nul autre, d'en sortir dégrossi.

Vous pouvez recueillir des milliers de cas d'expériences du seuil de la mort — si vous en avez besoin. Mais nous avons vite découvert que cela n'est pas nécessaire. Car ceux qui veulent croire croiront, et ceux qui veulent découvrir découvriront. Quant aux autres, leur montreriez-vous cent cinquante mille cas qu'ils vous répondraient par autant de rationalisations. Mais, après tout, c'est leur problème.

Avant de terminer, je voudrais vous préciser deux ou trois choses. *La Vie après la vie,* le premier — et le meilleur — livre de Moody, est certes utile, mais il ne vous apprendra rien sur la nature de la mort, parce qu'il ne rapporte que des expériences du *seuil* de la mort.

*Après* avoir abandonné notre corps physique, lequel est constitué d'énergie *physique*, nous créons un second corps, parfait — c'est-à-dire sans défauts — à l'aide de l'énergie *psychique*, énergie créée et manipulée par l'homme, par notre propre esprit.

Lorsque nous sommes mort définitivement — pardonnez-moi cette épouvantable expression —, irréversiblement, nous prenons alors une forme différente, la forme que nous avons avant la naissance et après la mort. Et c'est à ce moment-là que, selon les termes de Moody, nous franchissons le tunnel en direction de la lumière. Cette lumière est une pure énergie *spirituelle*. Laquelle est la seule forme d'énergie dans l'univers qui ne puisse être manipulée par l'homme.

Ceux qui entendent mener des recherches dans ce domaine, étudier les états de conscience supérieurs ou mieux comprendre la structure complexe de la vie doivent apprendre deux choses essentielles : la différence entre le réel et la réalité, et la différence entre les énergies physique, psychique et spirituelle. Par exemple, certains scientifiques vous décriront avec force détails les terribles cauchemars des patients qui ont eu un infarctus. Bien que ces cauchemars soient *réels,* ils ne sont pas la réalité. Ils sont les projections de nos propres peurs.

L'énergie psychique est, comme je l'ai déjà indiqué, une création de l'homme. Elle est un don, et il ne tient qu'à nous de transformer ce don en négativité ou en bénédiction. Utilisez votre énergie psychique pour apprendre à guérir, et non à détruire.

La mort vaudoue est un exemple classique d'utilisation de l'énergie psychique en vue de tuer ceux qui croient à cette magie particulière. Si je le souhaite, je peux anéantir n'importe qui avec cette énergie psychique, à condition qu'il soit terrorisé par la magie du vaudou. En revanche, si vous me jetez tous un sort à l'aide de votre énergie psychique, laquelle est extrêmement puissante, celui-ci ne pourra pas me toucher tant que je ne craindrai pas le vaudou. La négativité ne peut se nourrir que de la négativité. Eduquez vos enfants sans peur ni culpabilisation et aidez-les à s'affranchir de l'Hitler qui est en eux, alors vous pourrez créer des Mère Teresa.

Si vous redevenez sincères comme des enfants, vous comprendrez qu'il suffit de mettre à nu votre propre négativité. Et si vous avez le courage de vous en délivrer, vous accéderez à la vraie santé, vous apprendrez l'amour inconditionnel et la parfaite discipline. Alors, vous serez capable d'enseigner et de transmettre cet amour et cette discipline à vos enfants.

Richard Allen a exprimé tout cela à merveille lorsqu'il a résumé la vie de son père. Ce dernier avait suivi un chemin rédempteur, luttant pour s'affranchir peu à peu de son agressivité, avant de devenir un être habité par l'amour total et inconditionnel, et capable de transmettre une telle force à ses enfants et aux enfants de ses enfants. Avant de mourir, Richard a écrit ce poème sur le sens de la vie.

Lorsque tu aimes, donne tout ce que tu as.
Et lorsque tu as tout donné, donne encore plus,
et oublie le mal qu'il t'en coûte.
Car quand tu te retrouveras face à la mort,
seul comptera l'amour que tu auras donné et reçu,
et tout le reste
— les réussites, les luttes, les combats —
disparaîtra de ton esprit.
Que tu aies beaucoup aimé,
voilà tout ce qui comptera.
Et la joie de cet amour t'accompagnera jusqu'à la fin.

Mais si tu n'as jamais aimé,
la mort viendra toujours trop tôt,
et elle sera terrible à regarder.

Je voudrais terminer par une prière œcuménique. Un poème. Ecrit il y a quelques siècles par les Indiens américains afin de montrer que nous sommes tous frères et sœurs. Je crois que la justesse de ce poème traversera les millénaires.

Fais-moi avancer au cœur de la beauté,
afin que mes yeux puissent voir à jamais
le couchant rouge et pourpre.
Que mes mains respectent les choses que tu as créées,
que mon ouïe s'affine pour entendre ta voix.
Donne-moi la sagesse
afin que je puisse comprendre
ce que tu as enseigné à mon peuple.
Que je puisse apprendre les leçons
par toi dissimulées en chaque pierre et en chaque feuille.
Je cherche la force
— non pour être plus grand que mon frère,
mais pour combattre mon pire ennemi :
moi-même.
Que je sois toujours prêt à venir vers toi,
les mains propres et les yeux clairs.
Alors, quand la vie s'évanouira
comme le soleil baisse à l'horizon,
mon esprit te rejoindra sans honte.

Merci.

# La vie, la mort
## et la vie après la mort

Je voudrais évoquer ici quelques-unes des expériences et des découvertes que nous avons pu faire au cours de la dernière décennie, depuis que nous avons commencé à étudier sérieusement le domaine de la mort et de la vie après la mort. Après avoir travaillé avec des patients pendant de nombreuses années, nous nous sommes rendu compte que nous autres êtres humains — bien que notre existence se compte en millions d'années — n'avons toujours pas trouvé une réponse claire à la question qui apparaît sans doute comme la plus importante : la définition, la signification et la finalité de la vie et de la mort.

Je voudrais partager avec vous quelques aspects de nos recherches dans ce domaine. Le temps est venu, me semble-t-il, de réunir tout ce que nous avons découvert, dans un langage accessible à tous et qui puisse aider les gens à affronter la perte d'un être aimé, notamment lorsqu'il s'agit d'une mort subite — quand nous nous montrons incapables de comprendre pourquoi un tel drame nous arrive. En effet, lorsqu'il s'agit de conseiller et d'assister des mourants et leurs familles, ce sont toujours les mêmes questions qui reviennent : « Qu'est-ce que la vie ?

Qu'est-ce que la mort ? Et pourquoi nos enfants, surtout les tout-petits, doivent-ils mourir ? »

Pour de nombreuses raisons, nous n'avons pas encore publié les résultats de nos recherches. Depuis des décennies, nous avons étudié les expériences du seuil de la mort, mais en gardant bien à l'esprit qu'il s'agissait *seulement* du seuil de la mort, et non de la mort elle-même. En effet, avant de découvrir ce qui arrivait aux personnes ayant achevé cette transition, nous ne voulions pas répandre de demi-vérités. La seule chose que notre centre Shanti Nilaya ait publiée jusqu'à présent est une lettre illustrée que j'ai écrite en réponse à Dougy, un garçon de neuf ans atteint d'un cancer, habitant le sud des Etats-Unis, et qui m'avait posé un jour cette question émouvante : « Qu'est-ce que la vie ? Qu'est-ce que la mort ? Et pourquoi des petits enfants doivent-ils mourir ? » Je lui ai donc écrit un petit mot dans un langage simple, l'ai illustré et lui ai envoyé. Plus tard, il nous a autorisés à le reproduire. Cette *Lettre à Dougy*, disponible au centre Shanti Nilaya, peut aider d'autres petits enfants à approcher cette question capitale.

Jadis, les hommes entretenaient une relation beaucoup plus intime avec la mort ; ils croyaient au ciel ou à une vie après la mort. Depuis environ une centaine d'années, de moins en moins de gens croient véritablement qu'une vie existe après la mort du corps physique. Mais aborder ici les raisons de ce phénomène ne nous apporterait rien. Heureusement, nous sommes entrés aujourd'hui dans un nouvel âge, passant de l'époque matérialiste de la science et de la technologie à celle d'une spiritualité authentique. Je ne parle pas de religiosité mais bien de spiritualité — c'est-à-dire d'une prise de conscience du fait qu'il existe quelque chose de bien plus vaste que nous, quelque chose qui a créé cet univers, qui a façonné la vie ; du fait que nous formons une part importante et spécifique de cette création, et que nous pouvons contribuer à son évolution.

Chacun d'entre nous naît de la source divine et reçoit à sa naissance l'étincelle divine. Cela signifie que nous portons littéralement en nous une partie de cette source. Et c'est par son intermédiaire que nous savons notre immortalité. Nombre de gens commencent à comprendre que le corps physique n'est que la maison, le temple ou — comme nous le nommons — le cocon dont nous héritons pour un certain nombre de mois ou d'années avant d'accomplir cette transition qu'on appelle la mort. A l'instant de la mort, nous quittons le cocon et — pour reprendre le langage symbolique dont nous usons avec les enfants mourants ou leurs frères et sœurs — nous redevenons libres comme des papillons.

## Mme Schwartz

L'un de mes patients m'a aidée à découvrir progressivement la véritable nature de la mort — et par là, à creuser la question de la vie après la mort. Mme Schwartz se trouvait pour la quinzième fois de suite dans une unité de soins intensifs. Chaque fois, le personnel soignant s'attendait à ce qu'elle meure, et chaque fois elle se rétablissait. Son mari était un schizophrène avéré. Lorsqu'il était pris de délire, il essayait de tuer son plus jeune fils, le cadet de plusieurs enfants — et le seul qui vivait encore à la maison. La malade avait la conviction que si elle mourait prématurément, son mari perdrait tout contrôle, mettant ainsi l'adolescent en danger de mort. Grâce à une organisation d'aide sociale, nous avons réussi à confier la garde du fils à d'autres membres de la famille. Ainsi Mme Schwartz quitta l'hôpital soulagée et comme libérée. Même si elle ne vivait plus longtemps, elle savait que son plus jeune enfant serait en sécurité.

Quelque temps plus tard, son état empira. Trop éloignée de Chicago, où elle vivait, elle fut admise en urgence dans un hôpital local de l'Indiana.

Selon ses propres dires, on l'installa dans une chambre privée. Elle sentit brusquement qu'elle était sur le point de mourir, mais elle n'arrivait pas à savoir si elle devait appeler l'infirmière ou non. Comme si une partie d'elle-même eût souhaité s'enfoncer au milieu des oreillers et reposer enfin en paix. Mais une autre partie d'elle-même voulait à nouveau vaincre la mort, car son fils cadet était encore trop jeune. Avant qu'elle se décide à appeler, une infirmière entra, jeta un regard sur elle et sortit précipitamment. A cet instant précis, elle se vit glisser, lentement et paisiblement, hors de son corps physique et flotter au-dessus de son lit. Non sans humour, elle nous raconta comment son corps lui avait semblé pâle et poisseux. Elle était étonnée, surprise, mais ni effrayée ni angoissée.

Ensuite, elle vit entrer dans la chambre l'équipe de

réanimation (elle fut même capable d'expliquer avec force détails qui était arrivé le premier et qui le dernier). Non seulement elle entendait clairement chaque mot prononcé dans la pièce — y compris les blagues d'un interne, apparemment très anxieux —, mais elle pouvait également lire les pensées de chacun. En fait, elle n'avait qu'un seul désir : leur dire de se détendre, de ne pas se dépêcher, car elle allait parfaitement bien. Mais plus elle tentait désespérément de leur expliquer, plus ils s'affairaient frénétiquement autour de son corps. Peu à peu, elle se rendit compte que si elle pouvait les comprendre, eux ne l'entendaient pas. Mme Schwartz décida alors d'interrompre ses efforts et, selon ses propres termes, elle « perdit conscience ». Elle fut déclarée morte après quarante-cinq minutes de tentatives de réanimation. Trois heures et demie plus tard, à la grande surprise du personnel de l'hôpital, elle donna de nouveau des signes de vie. Elle vécut encore un an et demi.

Lorsque Mme Schwartz raconta cette expérience au cours de l'un de mes séminaires, cela représenta pour moi quelque chose d'entièrement nouveau. Bien que je fusse médecin depuis de nombreuses années, je n'avais jamais entendu parler de tels faits. Du reste, mes étudiants s'étonnaient que je ne les classe pas dans la catégorie des hallucinations, des illusions ou des états de dépersonnalisation. Ils voulaient à tout prix mettre un nom sur cette étrangeté, de façon à l'identifier et à la mettre de côté — pour ne plus avoir à y penser, tout simplement.

L'expérience de Mme Schwartz, nous en avions la conviction, ne pouvait être un cas isolé. Nous espérions découvrir d'autres cas semblables et même recueillir suffisamment de données pour pouvoir vérifier si le phénomène vécu par Mme Schwartz était fréquent, rare ou unique. Aujourd'hui, l'expérience du seuil de la mort est beaucoup mieux connue. De nombreux chercheurs, médecins, psychologues et parapsychologues ont rapporté des cas similaires — plus de vingt-cinq mille au cours des dix dernières années.

Parmi tous les malades qui ont eu une défaillance cardiaque ou qui ont été réanimés, seulement un sur dix — chose importante à savoir — garde un souvenir conscient de l'expérience qu'il a vécue durant l'arrêt temporaire de ses fonctions vitales [1]. Cela se comprend aisément, compte tenu du fait que si nous rêvons tous, seul un faible pourcentage d'entre nous se souvient de ses rêves au réveil.

Le plus simple serait sans doute de résumer ce que ces gens éprouvent au moment où leur corps physique cesse de fonctionner. Nous nommons ce phénomène « expérience du seuil de la mort » dans la mesure où tous ces malades, une fois « revenus » et rétablis, ont pu le partager avec nous. Nous évoquerons plus tard ce qu'il en est de ceux qui ne reviennent pas.

---

1. Une enquête scientifique conduite par Michael B. Sabom et publiée en 1982, *Recollections of Death,* montre que presque cinquante pour cent des personnes qui sont sur le point de mourir ont une expérience du seuil de la mort.

Outre l'absence de douleur et la perception d'une intégrité physique dans un corps simulé parfait, que nous pouvons appeler corps éthérique, ces patients prennent également conscience du fait qu'il est impossible de mourir seul. Il existe trois raisons pour affirmer que nul ne peut mourir seul (et ce « nul » inclut aussi celui qui meurt de soif dans le désert à des centaines de kilomètres de la personne la plus proche, ou encore l'astronaute dont la capsule a raté la cible et qui tourne dans l'espace jusqu'à ce qu'il n'ait plus d'oxygène).

Les patients qui se préparent lentement à la mort, comme c'est d'ordinaire le cas avec les enfants atteints d'un cancer, se rendent compte qu'ils ont la possibilité — avant la mort — de quitter leur corps physique et d'avoir ce que nous appelons une expérience « hors du corps ». Nous avons tous de telles expériences lors de certaines phases de notre sommeil, mais rares sont ceux qui en ont conscience.

Les enfants mourants, mieux accordés à leur propre intériorité, ont une spiritualité plus vaste que les enfants sains du même âge. Ils prennent conscience de ces brèves expériences hors du corps, ce qui les aide à accomplir leur transition et à se familiariser avec l'environnement qu'ils trouveront durant le processus de leur mort.

C'est au cours de ces sorties hors du corps que les mourants perçoivent la présence d'êtres qui les entourent, les guident et les assistent. Telle est la première raison pour laquelle vous ne pouvez mourir seul. Les petits enfants les appellent souvent leurs « copains ». Les Eglises les ont nommés « anges gardiens », alors que la plupart des chercheurs les désignent comme des « guides ». Le nom qu'on leur donne est du reste sans importance. Ce qui importe, c'est de savoir que, depuis notre premier souffle jusqu'à la transition qui achève notre existence physique, nous sommes en présence de ces guides ou anges gardiens qui nous attendent et nous assistent dans le passage de la vie à l'après-vie.

La deuxième raison pour laquelle nous ne pouvons pas mourir seuls est que nous sommes toujours accueillis par ceux qui nous ont précédés dans la mort et que nous avons aimés — un enfant que nous avons perdu il y a longtemps, une grand-mère, un père, une mère ou toute autre personne dont la présence a compté dans notre vie.

Une telle chose effraie toujours les Californiennes, en particulier celles qui ont eu sept maris et qui se demandent bien lequel elles vont retrouver *(rires)*. En fait, elles n'ont pas à s'en soucier — car après la mort il n'y a plus de négativité. La négativité est uniquement une création humaine.

La troisième raison pour laquelle nous ne pouvons pas mourir seuls est la suivante : après avoir quitté notre corps physique — fût-ce temporairement avant notre mort —, nous nous trouvons dans une existence où il n'y a plus ni temps ni espace. Et au sein d'une telle existence, nous pouvons nous rendre n'importe où à la vitesse de la pensée. Un jeune homme qui meurt au Vietnam en songeant à sa mère qui vit à Chicago se retrouvera instantanément auprès d'elle. Si vous mourez emporté par une avalanche dans les Rocheuses et que votre famille demeure à... *(elle se tourne vers le public)* où sommes nous déjà *(rires)* ? Virginia Beach ! Vous arriverez à Virginia Beach sur-le-champ !

## Susie

J'aimerais évoquer à présent le cas de Susie. La petite Susie, qui meurt de leucémie dans un hôpital, est couvée par sa mère depuis des semaines. Et elle comprend qu'il lui sera de plus en plus difficile de la quitter. De se séparer de cette mère qui se penche sur son lit et ne cesse de lui dire — de façon explicite ou implicite : « Chérie, ne meurs pas. Je ne peux pas vivre sans toi. » Il est effectivement très difficile de mourir dans de telles conditions.

D'une certaine manière, nous culpabilisons, nous autres parents, ces enfants mourants. Ce qui est, naturellement, fort compréhensible.

Mais entre-temps, Susie s'est mise à l'écoute de la vie totale ; elle a acquis la certitude d'une vie après la mort, de la perpétuation de son existence. Durant son sommeil ou lors d'états de conscience modifiés, elle a quitté son corps ; elle a découvert qu'elle pouvait se rendre, littéralement en volant, partout où elle voulait aller.

Alors, lorsqu'elle sent sa mort imminente, elle

demande tout simplement à sa mère de quitter l'hôpital : « Maman, tu as l'air si fatiguée. Pourquoi ne rentres-tu pas à la maison pour prendre une douche et te reposer un peu ? Je vais très bien, vraiment. »

La mère s'en va et une demi-heure plus tard une infirmière appelle de l'hôpital : « Nous sommes désolés, madame Smith, mais votre fille vient de décéder. »

Malheureusement, de tels parents vivent ensuite dans la culpabilité et le remords. Ils se reprochent de n'être pas restés auprès de leur enfant, de n'avoir pas été présents au moment de sa mort.

Ce qu'ils ne savent pas, c'est qu'il n'y a ici aucun hasard. Quitter ce monde est facile pour un enfant si personne ne cherche à l'en rendre coupable.

Nul ne meurt seul — voilà ce que les parents ont tant de mal à comprendre. La petite Susie avait défait ses attaches ; elle avait acquis la capacité de se libérer rapidement de son cocon pour pouvoir rejoindre à la vitesse de la pensée sa mère, son père ou toute autre personne.

Comme je l'ai déjà dit, nous possédons tous une facette divine. Ce don, reçu il y a des millions d'années, comprend le libre arbitre, mais aussi la capacité de quitter notre corps physique, non seulement au moment de la mort, mais également lors de crises, lors d'un épuisement, à l'occasion de circonstances extraordinaires ainsi qu'en certaines phases du sommeil. Nous devons donc savoir qu'un tel phénomène peut aussi se produire avant la mort.

Victor Frankl, l'auteur de *Un psychiatre déporté témoi-*

*gne*, compte parmi les scientifiques de renom qui ont étudié les expériences de voyage hors du corps. Il y a quelques dizaines d'années, lorsque ce sujet n'attirait pas encore l'attention, il a recueilli les récits de ceux qui avaient fait des chutes en montagne et qui, durant leur chute, avaient vu leur vie entière se dérouler devant eux. Il a recensé le nombre de souvenirs visualisés durant le court instant — sans doute quelques secondes — de la chute. Dans ce type d'expériences — telle fut sa conclusion —, le temps n'existe plus. Du reste, nombre de personnes ont connu une expérience semblable au cours d'une noyade ou lors d'une situation de grand danger.

Nos recherches ont été confirmées par des expériences scientifiques réalisées en collaboration avec Robert Monroe, l'auteur du *Voyage hors du corps*[2]. Non seulement j'ai vécu moi-même une expérience de décorporation spontanée, mais j'ai également assisté à celles induites en laboratoire sous la surveillance de Monroe, observées et analysées par plusieurs savants de la fondation Menninger à Topeka. Un nombre croissant de scientifiques et de chercheurs réitèrent ce type d'expériences, qu'ils considèrent comme parfaitement vérifiables. Ce qui les pousse naturellement à s'interroger sur une autre dimension, que les seuls moyens de notre approche scientifique tridimensionnelle rendent difficile à concevoir.

On nous a également questionnés sur les guides et les anges gardiens, sur la présence de proches ayant précédé le mourant afin de l'accueillir au moment du passage.

2. Éditions du Rocher, 1989.

Mais — et cette même question revient toujours — comment étudier des phénomènes aussi fréquents d'une façon plus scientifique ?

## Les enfants qui voient
## leurs parents morts

En tant que psychiatre, il est fascinant d'imaginer que des milliers de personnes à travers la planète puissent avoir les mêmes hallucinations avant de mourir, à savoir la perception de parents ou d'amis décédés avant eux. Il devait bien y avoir quelque explication à ce phénomène — s'il n'était pas réel. Aussi ai-je essayé de trouver un moyen pour l'étudier — pour en prouver l'exactitude ou montrer au contraire qu'il s'agit simplement de la projection d'un désir. La meilleure façon d'approcher pareil phénomène, nous sembla-t-il, consistait à s'asseoir au chevet d'enfants mourant après des accidents touchant toute une famille. Nous avons procédé ainsi lors des week-ends et des fêtes majeures, où des familles nombreuses se déplacent dans de grandes berlines, occasionnant trop souvent des collisions frontales au cours desquelles plusieurs passagers meurent sur le coup, tandis que les autres sont conduits dans différents hôpitaux.

Puisque je m'occupe surtout des enfants, je m'étais donné comme tâche de m'asseoir au chevet d'enfants en état critique. En règle générale, ceux-là ne disposaient d'aucune information concernant les membres de leur famille morts au cours de l'accident. A ma grande surprise, pourtant, ils savaient toujours parfaitement qui les avait précédés dans la mort !

Assise auprès d'eux, je les observais en silence, parfois je tenais leur main. Je pouvais voir ainsi s'ils manifestaient la moindre nervosité. Peu avant la mort, une sérénité paisible les envahissait. Et c'est à ce moment-là que je communiquais avec eux. Sans les orienter toutefois dans un schéma particulier. Je leur demandais simplement s'ils étaient disposés à partager avec moi leur expérience. Et les mots qu'ils employaient étaient souvent les mêmes.

Comme ceux de cet enfant qui me disait : « Tout va bien à présent. Maman et Peter m'attendent déjà [3]. »

Dans ce cas précis, je savais que la mère avait été tuée immédiatement sur le lieu de l'accident. Mais je croyais que Peter, qui avait été placé dans une unité de soins pour grands brûlés située dans un autre hôpital, était toujours vivant. Pourtant, quelques secondes plus tard, je fus appelée au téléphone. A l'autre bout de la ligne, une infirmière m'annonça : « Docteur Ross, nous voulions simplement vous dire que Peter est mort il y a dix minutes. »

Et je répondis, sans m'en rendre compte : « Oui, je sais. » L'infirmière a dû penser que j'avais perdu les pédales.

Pendant les treize années au cours desquelles j'ai mené

---

3. Ce cas et la plupart des exemples suivants sont décrits plus en détail dans le chapitre 13, « Aspects spirituels du travail avec les enfants mourants », du livre d'Elisabeth Kübler-Ross, *La Mort et l'Enfant : souvenirs, lettres, témoignages*, Rocher/Tricorne, 1990.

ces expériences, je n'ai jamais vu un seul enfant qui se soit trompé en identifiant les membres de sa famille qui l'avaient précédé dans la mort. J'aimerais bien consulter les statistiques à ce sujet...

## L'Indienne

J'ai vécu une autre expérience qui m'a émue encore davantage. Une Indienne américaine m'a raconté un jour que sa sœur avait été renversée par un chauffard à des centaines de kilomètres de sa réserve. Un autre conducteur s'arrêta et tenta de l'aider. La jeune femme mourante lui confia alors cet ultime message : aller rendre visite à sa mère et l'assurer que tout allait bien puisqu'elle, sa fille, se trouvait déjà auprès de son père. Elle mourut tout de suite après. Quant au père de la jeune femme, il était effectivement mort une heure auparavant dans la réserve, à quelque mille kilomètres du lieu de l'accident...

L'une de nos malades était devenue aveugle à la suite d'une explosion de laboratoire. Au moment où elle quitta son corps physique, elle fut pourtant capable de voir et de décrire les circonstances de son accident. Mais lorsqu'elle fut ramenée à la vie, elle était en fait totalement aveugle. Comprenez-vous pourquoi nombre de ces patients déjouent nos tentatives destinées à les ramener artificiellement à la vie — puisqu'ils se trouvent en un lieu incomparablement plus parfait, plus beau, plus merveilleux ?

Nous avons eu aussi le cas d'une fillette de douze ans, qui ne voulait pas partager sa « merveilleuse expérience de la mort » avec sa mère. Aucune mère, et c'est compréhensible, n'aime apprendre que son enfant a découvert un lieu plus agréable que le foyer familial. Mais l'expérience de cette fillette était si extraordinaire qu'elle voulait à tout prix la raconter à quelqu'un. Alors, elle a confié à son père que sa « mort » avait été si merveilleuse qu'elle n'avait pas voulu revenir. Mais ce qui rendait cette expérience si particulière — outre la vibration d'amour et de lumière qui a été décrite par bien des « survivants » —, c'était que son frère se trouvait auprès d'elle, la serrant dans ses bras avec compassion et tendresse. Après avoir raconté tout cela à son père, elle ajouta : « Le seul problème, c'est que je n'ai pas de frère. »

Alors le père lui avoua qu'elle avait effectivement un frère, lequel était mort trois mois avant sa naissance. Mais personne ne lui en avait jamais parlé.

Comprenez-vous pourquoi je cite de tels exemples ? Parce que nombre de gens ont tendance à dire : « Bien sûr, c'est évident. Ces gens-là ne sont pas encore morts. Et lorsqu'ils sentent qu'ils vont mourir, ils pensent tout naturellement aux êtres qu'ils aiment. Et ils se les représentent. » Mais une fillette ne saurait visualiser un frère qu'elle n'a pas connu.

Et nous connaissons beaucoup de cas semblables où des patients retrouvent au cours de leur agonie des membres de leur famille sans savoir que ceux-ci sont déjà morts.

A tous ces enfants mourants, j'ai posé la question suivante : qui aimeriez-vous avoir toujours à vos côtés (sur terre, bien sûr, car la plupart d'entre eux ne sont pas croyants — et je ne peux m'entretenir avec eux d'une vie après la mort. Je n'impose jamais, en effet, mes convictions à mes malades.) Quatre-vingt-dix-neuf pour cent d'entre eux ont répondu « Maman » ou « Papa ». (Les enfants noirs, eux, préfèrent souvent leurs tantes ou leurs grands-mères — sans doute parce qu'ils passent plus de temps avec elles. Mais il ne s'agit là que de différences culturelles.) Malgré cela, jamais un enfant n'a rapporté avoir vu sa mère ou son père au cours de son expérience du seuil de la mort, à moins naturellement que l'un ou l'autre ne l'ait précédé dans la mort.

Là encore, nombre de gens diront : « Eh bien, c'est tout simplement une projection de leur désir. Ceux qui meurent se sentent désespérés, seuls — ils ont peur. Alors ils imaginent à leurs côtés quelqu'un qu'ils aiment. » Si cela était vrai, quatre-vingt-dix-neuf pour cent de mes enfants mourants, âgés pour la plupart de cinq, six ou sept ans, auraient dû voir leur mère ou leur père.

Cette expérience présente deux traits caractéristiques. Premièrement, la personne dont vous percevez la présence doit être morte avant vous, ne fût-ce qu'une minute plus tôt. Deuxièmement, un lien d'amour authentique doit avoir existé entre vous.

Je voudrais à présent évoquer un autre cas, celui d'un homme qui a perdu toute sa famille dans un accident de voiture — ils ont tous été brûlés vifs. Incapable de surmonter cette terrible épreuve, ce père de famille bourgeois devint un véritable clochard, ivre du matin au soir et usant de toutes les drogues imaginables afin de se suicider, mais toujours en vain.

Cet homme nous a rapporté ainsi son dernier souvenir. Il était couché sur un chemin de terre battue longeant une forêt, ivre et « défoncé » — selon ses propres termes —, n'aspirant plus qu'à mourir et à retrouver sa famille, lorsqu'il vit arriver sur lui un gros camion, qui l'écrasa littéralement. Alors, comme il nous le raconta, il se retrouva à quelques mètres au-dessus du lieu de l'accident, regardant son corps grièvement blessé.

A ce moment-là, toute sa famille est apparue devant lui, rayonnante de lumière et d'amour, un sourire heureux sur chaque visage. Et chacun lui a fait partager la joie et le bonheur de leur nouvelle vie, en communiquant non pas par les mots, mais par la pensée.

L'homme ne fut pas en mesure de nous dire combien de temps dura cette rencontre avec les membres de sa famille, mais il fut si bouleversé par leur santé, leur beauté, leur rayonnement, par leur totale acceptation de son existence actuelle, qu'il fit le serment de ne pas les toucher ni de les suivre, mais de réintégrer son corps physique afin de faire savoir au monde ce qu'il venait de vivre — et de trouver ainsi une rédemption après ses tentatives de suicide.

Après ce serment, il vit le chauffeur porter son corps blessé à l'intérieur du camion, puis l'ambulance arriver à toute allure sur le lieu de l'accident. Il put observer son transport aux urgences d'un hôpital où on l'attacha sur un brancard. Et ce fut là qu'il réintégra finalement son corps, arrachant les courroies qui le retenaient. Il quitta les urgences sans manifester par la suite le moindre symptôme de delirium tremens ou de toute autre maladie consécutive à son abus d'alcool et de drogues. Il se sentit guéri, intact. Il jura alors de ne pas mourir tant qu'il n'aurait pas partagé cette expérience de la vie après la mort avec le plus grand nombre de personnes disposées à l'écouter.

Je ne sais ce que cet homme est devenu depuis. Mais jamais je n'oublierai cette lueur dans ses yeux, la joie et la profonde gratitude qu'il montra lorsqu'il put enfin monter sur une estrade pour transmettre à des centaines de soignants sa conviction profonde : notre corps physique n'est qu'une coquille renfermant notre moi immortel.

## Peter

L'apparition de certaines figures emblématiques dépend naturellement de la croyance religieuse des malades. A ce propos, notre meilleur exemple est sans doute celui de Peter, un enfant de deux ans. Après avoir pris

136

un médicament dans le cabinet d'un médecin, Peter eut un choc anaphylactique et fut déclaré mort. En attendant l'arrivée du père, la mère, qui avait été prévenue la première, embrassait désespérément son petit garçon, gémissant, sanglotant et suppliant. Après ce qui lui sembla être une éternité, l'enfant ouvrit les yeux et dit d'une voix évoquant celle d'un vieux sage : « Maman, j'étais mort. J'étais dans le lieu le plus merveilleux du monde et je ne voulais pas revenir. J'étais avec Jésus et Marie. »

Mais la Vierge n'avait cessé de lui répéter que son temps n'était pas encore venu, et qu'il devait rentrer. Comme il ne voulait pas l'écouter, ce qui est assez typique d'un enfant de deux ans, Marie l'avait alors doucement repoussé en lui disant : « Peter, tu *dois* rentrer. Tu dois sauver ta mère du feu. »

A ce moment-là, Peter rouvrit les yeux et ajouta : « Tu sais, Maman, quand elle m'a dit ça, j'ai couru jusqu'à la maison. »

Pendant treize ans, cette mère fut incapable de raconter cet événement à quiconque. Elle n'était pas parvenue à interpréter clairement ce que la Vierge avait dit son fils — ce qui l'avait profondément déprimée. Elle avait certes compris que son fils la sauverait un jour du feu de l'enfer. Mais ce qu'elle ne pouvait comprendre, c'était pourquoi une croyante comme elle, honnête et travailleuse, aurait dû être vouée à l'enfer.

J'ai tenté de lui expliquer la portée de ce langage symbolique. Qu'il s'agissait d'un cadeau unique et merveilleux de Marie qui, comme tous les êtres du royaume spirituel, n'est qu'amour total et inconditionnel, incapable, au contraire des êtres humains, de condamner ou de critiquer. Je lui ai demandé de faire le vide en elle durant un moment afin de permettre à son quadrant intuitif et spirituel de s'éveiller. Et j'ai ajouté :

— Qu'auriez-vous donc éprouvé si Marie ne vous avait pas renvoyé Peter il y a treize ans ?

— Mon Dieu, s'écria-t-elle en prenant sa tête à deux mains. J'aurais vécu un véritable enfer.

— Comprenez-vous alors — et je n'ai plus jamais eu à lui poser la question — que Marie vous a effectivement sauvée du feu ?

## Corry

Évoquons à présent le cas émouvant de Corry, un garçon de cinq ans, vivant à Seattle. Il se meurt lentement — et c'est une chose bien douloureuse. De temps à autre, il m'appelle pour me poser une question ou achever un travail en souffrance.

Durant ces derniers mois, il a vécu plusieurs expériences du seuil de la mort. Malgré ses cinq ans, il a l'air d'un vieux sage. Il n'a pas peur de mourir. Au contraire, il essaie d'expliquer à tous les autres enfants de l'hôpital — et avec force détails — à quoi la mort ressemble.

Sa dernière expérience est résumée dans ce dessin *(elle montre une feuille de papier au public)*.

Dans le quadrant supérieur gauche, qui révèle toujours la vision spécifique de la mort, se dresse un château aux couleurs vives. Lorsqu'il est revenu de ce château, Corry a dit à sa mère : « C'est Dieu, c'est son château avec une

138

étoile dansante, souriante. » Et cette étoile l'avait accueilli : « Bienvenue à la maison, Corry ! » C'est ainsi que s'était déroulée son expérience.

Il m'a demandé de vous montrer ce dessin, où vous pouvez voir également un arc-en-ciel. « Ce n'est pas seulement un arc-en-ciel, m'a-t-il confié. C'est le pont qui va de cette vie à la suivante. »

Après avoir vécu cette expérience, il est resté soucieux pendant quelque temps. Il m'a appelée de nouveau, car il voulait absolument savoir si son chien, Quasar, l'attendrait de l'autre côté. Quasar était mort deux semaines auparavant.

Naturellement, ce n'est pas dans une faculté de médecine que vous apprenez à répondre à ce genre de question. Voici ce que je lui ai dit : « Tu sais, peut-être que nous n'obtenons pas toujours ce que nous voulons, mais une chose est sûre : nous recevons toujours ce dont nous avons *besoin*. Alors, si tu en as vraiment besoin, la seule chose que tu aies à faire c'est de demander — et peut-être que Quasar sera là-bas pour t'attendre. »

Plus tard, après une autre expérience semblable, très excité il m'a rappelée pour me dire : « Elisabeth ! Elisabeth ! Non seulement Quasar était là, mais il a même remué la queue ! »

## Le tunnel et la lumière

Les Ecritures usent amplement du langage symbolique. Et si les gens écoutaient davantage leur quadrant intuitif et spirituel, au lieu d'empoisonner la compréhension de ces merveilleux messages par leur négativité, leurs peurs, leur culpabilité et leur envie de se punir ou de châtier autrui, ils commenceraient à saisir le langage parfait dont les mourants se servent lorsqu'ils cherchent à nous transmettre leurs désirs, leur connaissance et leur perception des choses.

Il est fort improbable — ai-je besoin de le préciser — qu'un enfant juif voie Jésus, ou qu'un petit protestant rencontre Marie. Cela ne veut pas dire, naturellement, que Jésus ou Marie ne prendraient pas soin d'enfants d'une autre religion, mais tout simplement que chacun reçoit ce dont il a le plus besoin. Ceux que nous rencontrons sont toujours ceux que nous avons le plus chéris et qui nous ont précédés dans la mort.

Après avoir été accueillis par ceux qui nous ont aimés, par nos guides spirituels et nos anges gardiens, nous franchissons un passage symbolique, souvent décrit comme un tunnel, un fleuve ou même un portail. En vérité, chacun choisit le symbole qui lui correspond le mieux. Dans ma propre expérience ce fut, naturellement, une montagne avec des fleurs sauvages, parce que telle est ma représentation du ciel — déterminée culturellement par mon enfance en Suisse.

Après avoir franchi ce passage — splendide sur le plan visuel et approprié à chacun — que nous appelons le tunnel, nous approchons d'une source lumineuse que nombre de nos patients ont précisément décrite, et que j'ai moi-même perçue. Expérience la plus belle, la plus inoubliable et la plus décisive qui soit. Nous la nommons « conscience cosmique ».

En présence de cette clarté, que la plupart des Occidentaux appellent Christ, Dieu, Amour ou tout simplement Lumière, nous sommes comme enveloppés d'un amour absolu et inconditionnel — à la fois compassion et compréhension. C'est une source d'énergie pure — non pas physique ou psychique, mais bien spirituelle. Une telle énergie ne saurait être manipulée par les êtres humains. Elle jaillit dans une sphère d'existence où la négativité est impossible. Si misérable qu'ait pu être notre vie et si enracinée que soit notre culpabilité, nous ne pouvons plus éprouver de sentiments négatifs. En présence de cette lumière que beaucoup nomment Christ ou Dieu, nul ne saurait être jugé ou condamné — car elle est amour absolu, total et inconditionnel.

## Le panorama de la vie

Au sein de cette lumière, nous prenons conscience de nos possibilités — de ce que nous *aurions* pu être ou de ce que nous *aurions* aimé être. Au sein de cette lumière, entourés de compassion, d'amour et de compréhension, il nous est demandé de passer en revue et d'évaluer l'ensemble de notre existence. Puisque nous ne sommes plus rattachés à un cerveau et à un corps physique, nous possédons la connaissance et la compréhension absolues. Et c'est dans cette existence-là que nous devons revoir et évaluer chaque pensée, chaque mot et chaque acte de notre vie. Et, dans le même temps, prendre conscience des effets de nos actes sur autrui.

En présence de cette énergie spirituelle, nous n'avons plus besoin d'une forme physique. Nous quittons le corps éthérique et reprenons la forme que nous avions avant de naître, la forme que nous aurons dans l'éternité entre deux existences, lorsque nous nous unirons avec la Source, avec Dieu, après avoir accompli notre destinée.

Nous devons comprendre que, depuis le commencement de notre existence jusqu'à notre retour vers Dieu, nous conservons toujours notre propre identité et notre propre structure d'énergie. Autrement dit, parmi les milliards d'êtres habitant cet univers, sur le plan physique mais aussi dans le monde de la pure fluidité, il n'existe pas deux structures énergétiques ou deux hommes semblables, pas même des vrais jumeaux.

Si quelqu'un devait mettre en doute la grandeur de notre Créateur, il devrait considérer un instant le génie nécessaire à la création de milliards de structures énergétiques différentes. Telle est la singularité de l'être humain. Je ne puis comparer ce miracle qu'au nombre infini de flocons de neige — tous différents — qui tombent sur la terre.

Il me fut accordé la grâce de voir de mes propres yeux, en plein jour, des centaines de ces structures énergétiques. A vrai dire, elles ressemblent singulièrement aux flocons de neige qui flottent dans l'air, avec leurs pulsations, chacun possédant une lumière, une couleur et une forme singulières. C'est ainsi que nous serons après notre mort. C'est ainsi que nous avons existé avant notre naissance. Nous n'avons besoin ni d'espace ni de temps pour nous rendre d'une étoile à une autre ou de la Terre vers une autre galaxie. Ces structures énergétiques, ces êtres, se tiennent auprès de nous, ici même. Si seulement nous avions des yeux pour voir, alors nous saurions que nous ne sommes *jamais* seuls. Mais entourés par ces êtres qui nous guident, nous aiment, nous protègent et nous aident à choisir la voie où nous devons demeurer en vue d'accomplir notre destinée.

Parfois, lors de périodes de grande douleur, de grande souffrance ou de grande solitude, notre perception s'accroît au point de nous rendre capable de ressentir leur présence. Nous pouvons communiquer avec eux et leur demander de se manifester. Leur poser des questions avant de nous endormir et leur demander de nous faire parvenir la réponse dans nos rêves. Ceux qui se souviennent de leurs rêves savent que nombre de nos questions y trouvent une réponse. Et, à mesure que nous nous accordons avec notre propre entité *intérieure*, avec notre part spirituelle, nous comprenons que nous sommes guidés et assistés par ce moi omniscient, cette part immortelle que nous appelons le papillon.

## La visite de Mme Schwartz

Mais je n'ai pas fini de vous raconter l'histoire de Mme Schwartz. Je dois d'abord préciser qu'elle est morte deux semaines après que son fils eut atteint sa majorité. C'était une patiente parmi tant d'autres, et je l'aurais sans doute oubliée si elle ne m'avait pas rendu visite à nouveau. Un jour, environ dix mois après son enterrement, j'étais particulièrement en colère. J'avais l'impression que mon séminaire sur la mort commençait à perdre tout son sens. Le pasteur avec lequel je travaillais et que j'appréciais par-dessus tout n'était plus là. Et son remplaçant, qui ne dédaignait pas la publicité, avait réussi à transformer le séminaire en « événement » — reconnu, qui plus est, par l'Etat.

Chaque semaine, nous étions donc obligés de répéter les mêmes choses. A mes yeux, ça ne présentait plus aucun intérêt. Comme si j'avais dû prolonger une vie qui ne valait plus la peine d'être vécue. Je ne parvenais plus à être moi-même et je ne voyais plus qu'une seule issue : quitter l'université de Chicago. Naturellement, cette décision me coûtait, car j'aimais profondément ce travail — mais pas sous cette forme. Aussi ai-je pris une décision héroïque : « Je vais quitter l'université aujourd'hui même. Et donner ma démission à la fin de ce séminaire. »

Le pasteur et moi-même avions un rituel. Après le séminaire, nous attendions ensemble l'ascenseur et terminions notre discussion. Puis je le quittais et retournais à mon bureau, qui se trouvait au même étage à l'extrémité d'un long couloir.

Pour ne rien arranger, le pasteur était malentendant. Ainsi, entre la salle de conférence et l'ascenseur, je fus obligée de lui répéter trois fois que je m'en allais, et qu'il devrait tout reprendre de zéro. Mais il ne m'entendait pas, et continuait à parler d'autre chose. J'étais à bout, désespérée — et le désespoir me rend toujours très active. Avant que l'ascenseur ne s'arrête, je l'ai saisi par le col — il était d'une taille colossale — et je lui ai dit : « Maintenant, vous allez m'écouter. J'ai pris une décision terriblement importante, et je voudrais vous en informer. »

Être parvenue à prononcer ces quelques mots me sembla sur le coup d'une audace sans bornes. Mais il ne me répondit pas.

A ce moment-là, une femme apparut devant l'ascenseur. Je l'observai un instant. Je ne saurais vous la décrire vraiment, mais vous pouvez aisément vous imaginer ce que l'on éprouve lorsqu'on voit quelqu'un qu'on connaît parfaitement bien tout en ne sachant plus qui il est. J'ai dit alors au pasteur : « Mon Dieu, qui est-ce ? Je connais cette femme. Elle me regarde et elle attend que vous preniez l'ascenseur pour me parler. »

J'étais si préoccupée par ce mystère que j'avais complètement oublié que je tenais encore le pasteur par le col. Cette femme était comme transparente, mais pas assez pour qu'on puisse voir à travers elle. J'ai demandé encore une fois au pasteur s'il la connaissait, mais il ne m'a pas répondu, aussi n'ai-je pas insisté. La dernière chose que je lui ai dit fut à peu près : « Zut ! Je vais aller la voir et lui expliquer que son nom m'échappe. » Ce furent mes derniers mots avant qu'il me quitte.

Au moment où il entra dans l'ascenseur, la femme se dirigea vers moi et fit : « Docteur Ross, je devais revenir. Cela ne vous dérange pas que je vous accompagne jusqu'à votre bureau ? Je ne vous prendrai que deux minutes. » Ou quelque chose de ce genre. Puisqu'elle savait où se trouvait mon bureau et qu'elle connaissait mon nom, je me sentis soulagée.

Ce fut sans doute le plus long trajet de ma vie. En tant que psychiatre, je travaille souvent avec des schizophrènes, et je les aime profondément. Lorsqu'ils me décrivent leurs hallucinations visuelles, je leur réponds invariablement : « Je sais bien que vous voyez cette Vierge sur le mur. Mais moi, je ne la vois pas. » A présent, je me disais à moi-même : « Elisabeth, tu sais que tu vois cette femme, mais ça ne peut être vrai. »

Pouvez-vous vous mettre un seul instant à ma place ? Pendant tout le chemin de l'ascenseur à mon bureau, je me suis demandé si une chose pareille était possible. Et j'ai commencé à me dire : « Je suis fatiguée. J'ai besoin de vacances. J'ai dû voir trop de schizophrènes. Je commence à halluciner. Il faut impérativement que je touche cette femme pour savoir si elle existe vraiment. » Et je l'ai touchée, pour sentir si sa peau était chaude ou froide — pour voir si elle n'allait pas disparaître. Oui, c'était bien le chemin le plus incroyable que j'aie jamais fait. Et je ne savais même pas pourquoi je faisais cela. J'étais à la fois psychiatre et patient. Je ne savais pas non plus qui elle était. Ou plutôt, j'essayais d'effacer de mon esprit la pensée que cette femme pût être Mme Schwartz, morte et enterrée quelques mois auparavant.

Lorsqu'elle atteignit la porte, elle l'ouvrit comme si j'avais été son invitée. Oui, elle ouvrit cette porte avec une douceur, une tendresse et un amour inconcevables — et elle me dit : « Docteur Ross, je devais revenir pour deux raisons. La première, c'est que je voulais vous remercier, vous et le révérend Gaines (le merveilleux pasteur noir avec lequel je m'étais si bien entendue). Vous remercier pour tout ce que vous avez fait pour moi. Mais la vraie raison, c'est pour vous faire comprendre que vous ne devez pas abandonner votre travail sur la mort, en tout cas pas encore. »

Je l'ai regardée, et je ne saurais plus dire si à ce moment-là je pensais déjà que c'était Mme Schwartz. Cette femme était en effet morte depuis dix mois — et je ne croyais pas aux revenants. Finalement je suis allée à mon bureau. J'ai touché mon stylo, ma chaise — tout était bien réel —, en espérant que cette femme disparaisse. Mais elle ne disparaissait pas ; elle restait devant moi et me disait d'un ton à la fois tendre et entêté : « Docteur Ross, m'entendez-vous ? Votre travail n'est pas terminé. Nous vous aiderons. Nous vous indiquerons quand vous pourrez l'arrêter. Mais ne l'arrêtez pas maintenant. Promettez-le moi. »

Et je pensais : « Mon Dieu, personne ne croira une histoire pareille, même pas ma meilleure amie. » A l'époque, je n'envisageais pas la possibilité d'évoquer de tels faits devant des centaines de personnes. Finalement, la scientifique en moi reprit le dessus. Et je m'en tirai par une astuce — un bon gros mensonge : « Vous savez sans doute que le révérend Gaines vit maintenant à Urbana. » Jusqu'à présent c'était vrai, puisqu'il y avait repris une paroisse. Mais je continuai : « Il serait sûrement ravi de recevoir un mot de vous. Y voyez-vous un inconvénient ? »

Et je lui passai un crayon et une feuille de papier. Je n'avais naturellement pas l'intention — vous l'aurez compris — d'envoyer ce mot à mon ami, mais il me fallait une preuve scientifique. A l'évidence, une personne enterrée ne peut écrire des billets doux. Et cette femme, avec un sourire si humain — non, pas humain —

avec un sourire d'amour, lisait chacune de mes pensées. Je *savais* qu'il s'agissait d'une transmission de pensée. Elle prit le papier et écrivit ce mot — que nous avons bien sûr encadré et que nous conservons comme un trésor. Puis elle me dit, mais sans ouvrir la bouche : « Etes-vous satisfaite à présent ? »

Je la regardai et pensai : « Je ne pourrai jamais partager cette expérience avec quelqu'un d'autre, mais je vais garder précieusement ce papier. » Alors elle me répéta, tout en se préparant à partir : « Promettez-le-moi, docteur Ross » — elle ne voulait décidément pas que j'abandonne mon travail. Et je répondis : « Je vous le promets. » Et au moment où je prononçais ces mots, elle disparut.

Nous possédons toujours ses quelques lignes.

## L'une de mes premières expériences mystiques

J'aimerais maintenant partager avec vous quelques aspects de mes propres expériences mystiques. Celles-ci m'ont aidée à savoir — plutôt qu'à croire — que tout ce qui existe au-delà de notre compréhension scientifique est une vérité, une réalité accessible à tous les êtres humains. Je me dois de souligner qu'autrefois je n'avais pas la moindre croyance en une conscience supérieure. Je n'ai jamais eu de gourou. En fait, je n'ai même jamais su méditer, alors que la méditation constitue une source de paix et de compréhension pour un nombre de gens toujours plus grand, non seulement en Orient, mais aussi en Occident. En revanche, lorsque je communique avec mes patients mourants, je trouve en moi un accord profond. Et peut-être que ces milliers d'heures passées à leur chevet, où rien ni personne n'aurait pu nous perturber, ont constitué une forme de méditation. Si cela est vrai, alors j'ai médité durant bien des heures.

Je crois vraiment qu'il n'est pas nécessaire d'aller sur le sommet d'une montagne, de vivre en ermite, de se rendre en Inde ou de suivre un gourou pour vivre ces expériences mystiques. Chaque être humain, j'en ai la conviction, se compose de quatre quadrants : physique, intellectuel, émotionnel et spirituel. Et si nous pouvions apprendre à nous délivrer de nos sentiments dénaturés, de notre haine et de notre angoisse, de nos deuils non résolus et de nos milliers de larmes refoulées, alors nous pourrions nous recentrer sur ce que nous sommes vraiment. C'est-à-dire un être humain, constitué de quatre quadrants, qui œuvrent en harmonie et en totale complémentarité.

Pour que ces quatre quadrants fonctionnent, nous devons accepter pleinement notre enveloppe physique, partager librement nos émotions, exprimer naturellement notre colère et reconnaître pour légitime la jalousie qui nous pousse à l'émulation. Il n'existe, nous devons le comprendre, que deux peurs naturelles : la peur de tomber et la peur du bruit. Toutes les autres peurs nous ont été léguées dès notre plus jeune âge par les adultes, qui ont projeté sur nous leur propres angoisses — transmises ainsi de génération en génération.

Ces quadrants, chose capitale, ne peuvent œuvrer en harmonie que si nous apprenons à aimer et à être aimés de façon inconditionnelle.

La plupart d'entre nous ont été élevés comme des prostituées : « je t'aime *si...* » Et ce « si » a ruiné et détruit plus de vies que n'importe quel fléau sur notre planète. Un tel mot nous pousse à la prostitution, car il nous donne l'impression que nous pouvons acheter l'amour avec une bonne conduite ou avec de bonnes notes. A vrai dire, il nous empêche de développer le respect de nous-même.

Enfin, le déploiement des quatre quadrants dépend de l'éducation, laquelle doit être fondée sur l'amour et l'harmonie, et non sur le châtiment. Les maîtres spirituels nous ont enseigné ceci : si nous grandissions dans l'amour inconditionnel et la ferme discipline, nous n'aurions jamais peur des tempêtes de la vie. Nous serions débarrassés de la peur, de la culpabilité et de l'anxiété — les seuls ennemis de l'homme.

Si vous recouvriez les canyons pour les protéger contre les tempêtes, vous ne verriez jamais la beauté de leurs formations.

Et j'ai continué ainsi, sans chercher de gourou, sans essayer de méditer ni de parvenir à un état de conscience supérieur. Mais chaque fois qu'un malade ou un événement me faisait prendre conscience de ma négativité, je cherchais à exprimer celle-ci, à l'extérioriser, afin d'atteindre une véritable harmonie entre mes quadrants physique, émotionnel, intellectuel et spirituel. Ainsi, tout en enseignant, je poursuivais ma pratique et mon travail sur moi-même. Et les expériences mystiques ont surgi, toujours plus nombreuses, témoignant d'un accord profond avec mon moi spirituel, intuitif, omniscient et ultraclairvoyant. J'ai pu également entrer en contact avec ces énergies venues d'un monde de pure fluidité, énergies qui nous entourent en permanence et attendent l'occasion de nous transmettre une connaissance et une orientation, afin de nous aider à comprendre le sens de la vie et la signification de notre destinée personnelle — afin que nous puissions accomplir cette destinée dans le cours d'une seule vie terrestre, sans devoir revenir sur terre pour y réapprendre les leçons que nous n'avons pas su retenir dans cette existence.

L'une de mes premières expériences de sortie hors du corps, menée dans le cadre d'une recherche scientifique, fut induite par des moyens iatrogènes dans un laboratoire de Virginie, sous la surveillance de quelques savants sceptiques.

Je reposais sur un lit d'eau dans une sorte de tente. Après un court instant, je me suis retrouvée en train de léviter sous le plafond. Comme un tel état, chose fascinante, permet de pénétrer au sein même de la matière, je voulais examiner ce plafond de l'intérieur. Mais je fus arrêtée dans mon mouvement et ramenée par le chef de laboratoire qui estimait que j'étais partie trop tôt et trop vite. A ma grande consternation, il avait interféré dans mes propres besoins, sans tenir compte de ma personnalité.

# *Lui dire oui*

Je ne pouvais faire confiance à ce chef de laboratoire, bien trop prudent à mes yeux. Aussi ai-je décidé, lors de l'essai suivant, de contourner ce problème en me donnant moi-même une auto-induction pour aller plus vite que la lumière et plus loin qu'aucun être n'était jamais allé lors d'une expérience extracorporelle. Au moment même de l'induction je quittai mon corps à une vitesse incroyable. Brusquement, je me rendis compte que je me déplaçais horizontalement, soit dans la mauvaise direction. Alors je tournai de quatre-vingt-dix degrés et partis verticalement. C'était une sensation merveilleuse ! Je partis aussi rapidement et aussi loin que possible afin que nul ne me rattrape. Je n'éprouvais aucune peur. Nul n'aurait été capable de me retrouver. J'étais dans un lieu où, littéralement, personne n'était jamais allé.

A mon retour dans mon corps physique, la seule chose dont je me souvins fut une expression : « Shanti Nilaya ». Je n'avais aucune idée quant à la signification de ces mots — ni quant à la nature du lieu que j'avais visité. Mais je savais au moins une chose : j'étais guérie d'une constipation quasi complète et d'une douloureuse hernie discale, à cause de laquelle je ne pouvais même pas ramasser un livre tombé sur le plancher.

Effectivement, après cette expérience, j'ai pu constater que mon intestin fonctionnait à nouveau et que je pouvais soulever un sac de sucre de cinquante kilos sans la moindre douleur. Les personnes présentes disaient que j'irradiais, que j'avais rajeuni de vingt ans — chacun me pressait de questions. Mais je ne savais toujours pas où j'étais allée, jusqu'à la nuit qui suivit cette expérience.

Je passai cette nuit dans une maison isolée au milieu d'une forêt des Blue Ridge Mountains. Progressivement, et non sans une certaine agitation, je me rendis compte que j'étais allée trop loin et que je devais à présent accepter les conséquences de mes choix.

Cette nuit-là, j'essayai de lutter contre le sommeil. J'avais le vague pressentiment que *cela* arriverait, sans savoir encore ce que *cela* pouvait bien signifier.

Et au moment où je me laissai aller, j'eus sans doute l'expérience la plus douloureuse et la plus angoissante qu'un être humain puisse vivre. Je vécus, au sens propre du mot, les milliers de morts des milliers de patients que j'avais accompagnés jusqu'à ce jour. Je vécus le sang, la douleur, la terrible angoisse, les larmes et la solitude — je vécus tous les instants négatifs de la mort de chacun de mes malades. Et cela se répéta mille fois — à chaque fois différemment, mais toujours dans la même souffrance.

C'était une véritable agonie, sur les plans physique, émotionnel, intellectuel et spirituel. Je ne pouvais plus respirer. J'étais pliée en deux. Je savais, avec la conscience la plus aiguë, qu'il n'y avait personne à des lieues à la ronde et que je devais traverser cette nuit toute seule.

Au cours de ces heures terribles, je n'eus que trois brefs répits. Mes douleurs étaient comparables aux contractions d'un accouchement, à ceci près qu'elles se suivaient sans la moindre interruption. Lors des trois répits au cours desquels je pus reprendre mon souffle eurent lieu quelques événements majeurs sur le plan symbolique —

que je ne compris toutefois que bien plus tard. Lors du premier répit, je demandai une épaule sur laquelle j'eusse pu m'appuyer. Et je croyais que l'épaule gauche d'un homme allait apparaître, afin que je puisse y poser la tête et soulager quelque peu ma souffrance. Mais à peine avais-je fait cette supplique qu'une voix profonde, sévère, mais pleine de tendresse et de compassion, me dit simplement : « Cela ne te sera pas accordé. »

Après ce qui me sembla être une éternité, j'eus un nouveau répit. Et cette fois-ci, je demandai une main que j'aurais pu tenir. Et à nouveau j'espérais qu'une main apparaîtrait sur la droite de mon lit, une main à laquelle je pourrais m'accrocher pour mieux supporter mes douleurs. Et la même voix répéta : « Cela ne te sera pas accordé. »

Lors de mon troisième et ultime répit, je décidai de ne demander qu'un bout de doigt. Evidemment, vous ne pouvez pas vous accrocher à un bout de doigt, mais au moins il vous donne le sentiment d'une présence humaine. Mais j'ajoutai, en plein accord avec mon caractère : « Non, si je ne peux avoir la main entière, je renonce au bout de doigt. » Telle était ma conclusion. J'avais droit à un minimum absolu — et *mon* minimum était une main. Un bout de doigt ne pouvait me suffire.

Puis ma souffrance augmenta encore, et je pensai : « J'ai tenu la main de tant de malades, de tant de mourants seuls et désespérés. Pourquoi n'ai-je pas droit moi aussi à une main ? Suis-je donc si mauvaise ? Suis-je un mauvais être humain ? »

Et pour la première fois de ma vie, la foi fut ma porte de sortie. Et cette foi résultait d'une profonde prise de conscience : j'avais eu la force et le courage de souffrir seule. En outre, et je le savais, il ne nous est donné que ce que nous pouvons supporter.

Soudain, je compris que je n'avais qu'à cesser ma lutte, cesser ma rébellion, cesser d'être un guerrier et transformer ma résistance en soumission paisible et positive — dire simplement « oui » à tout cela.

Et au moment même où j'acquiesçai enfin, ma souffrance cessa. Au moment même où je pensai « oui », ma respiration se calma et la douleur physique disparut.

Et au lieu de ces milliers de morts, je vécus une expérience de renaissance au-delà de toute description humaine.

D'abord, il y eut une vibration ou une pulsation très rapide au niveau de la paroi abdominale, qui se répandit dans tout mon corps — et s'étendit même à tout ce que je regardais. Je contemplai mon ventre, et ce que je vis se révélait impossible sur le plan anatomique. (J'observai cela scientifiquement tout en le vivant — comme si j'avais eu un assistant pour me surveiller.)

Tout ce que je regardais commença à vibrer : le plafond, les murs, le sol, les meubles, le lit, la fenêtre, le ciel au-dehors, les arbres — et cette vibration s'étendit à toute la planète. Oui, j'avais l'impression que toute la Terre, que chaque molécule vibrait et pulsait. Puis apparut devant moi quelque chose qui ressemblait au bouton d'une fleur de lotus. Alors, ce bouton s'ouvrit pour devenir une fleur éclatante de beauté. Et derrière cette fleur jaillit la lumière que mes patients avaient si souvent décrite. Et comme je m'approchais à travers la fleur de lotus ouverte, au sein d'un univers qu'animaient des vibrations d'une vitesse et d'une profondeur inouïes, je fus doucement et progressivement happée par cette lumière d'amour inimaginable, inconditionnelle. Et je me fondis en elle.

Au moment même où je fusionnais avec cette source lumineuse, toutes les vibrations cessèrent. Ce fut le silence absolu, et je tombai dans un sommeil profond, semblable à une transe. Je savais qu'à mon réveil je devrais mettre une robe et des sandales, descendre la colline — et que cela arriverait au moment où le soleil surgirait à l'horizon.

Environ une heure et demie plus tard, je me réveillai, mis la robe et les sandales et descendis la colline. Là, je connus l'extase la plus sublime qu'un être humain puisse vivre sur le plan physique. J'étais immergée dans l'amour absolu, comme frappée par la splendeur de la vie qui m'entourait. J'étais en communion avec chaque feuille, chaque nuage, chaque brin d'herbe et chaque créature. Je sentais la vibration des pierres sur le sentier, et je marchais « au-dessus » d'elles en leur disant : « Je ne peux marcher sur vous. Je ne peux vous blesser. »

Parvenue au bas de la colline, je sus — et je ne pouvais mettre en doute la réalité de cette expérience — qu'aucun de mes pas n'avait touché le sol. C'était simplement la perception de la conscience cosmique à l'œuvre dans chaque chose vivante, la perception d'un amour que les mots ne sauront jamais formuler.

Il m'a fallu quelques jours pour réintégrer mon moi physique, pour replonger dans le quotidien de la vie :

faire la vaisselle, laver le linge ou préparer un repas pour ma famille.

Et il m'a fallu plusieurs mois pour pouvoir évoquer mon expérience. J'ai pu la partager avec un groupe de gens merveilleux — ceux-là ne cherchaient pas à juger mais à comprendre — qui m'avaient invitée à Berkeley à l'occasion d'un séminaire sur la psychologie transpersonnelle.

## La conscience cosmique

Après avoir partagé mon expérience, ils lui donnèrent un nom : « conscience cosmique ». Alors, comme à mon habitude, je me rendis dans une bibliothèque pour trouver un livre traitant de ce sujet et appréhender cet état sur le plan intellectuel.

J'appris également que l'expression « Shanti Nilaya », qui m'avait été communiquée lorsque j'avais fusionné avec cette énergie spirituelle, source de toute lumière, signifie « havre de paix ultime », ce foyer où nous retournerons tous un jour après avoir traversé toutes nos angoisses, toutes nos douleurs, tout notre chagrin, après avoir appris à nous débarrasser de la souffrance, afin de devenir ce pour quoi nous avons été créés : un être au sein duquel s'harmonisent les quadrants physique, émotionnel, intellectuel et spirituel, un être qui comprend que l'amour, le véritable amour, n'exige aucune condition. Si nous pouvons saisir cet état d'amour, alors nous trouverons santé et plénitude, alors nous serons à même d'accomplir notre destinée au cours d'une seule vie.

Cette expérience a transformé ma vie d'une façon que je ne saurais entièrement vous expliquer. Et par sa grâce même, j'ai compris que si je faisais part un jour de mes connaissances sur la vie et la mort, j'aurais à passer littéralement par mille morts, puisque la société dans laquelle je vis s'efforcerait de me « mettre en pièces ». Toutefois, la dimension de compréhension, de joie et d'amour émanant de ce qui suivit cette agonie fut une récompense bien supérieure à toute souffrance. En vérité, cette nuit dans les Blue Ridge Mountains m'a permis de poursuivre mes conférences, de continuer mes recherches en dépit d'une mauvaise publicité, en dépit de tous ceux qui ne peuvent faire autrement que d'extérioriser leur négativité — puisqu'ils sont incapables de la reconnaître et de prendre leurs responsabilités.

Oui, c'est cette compréhension, cette connaissance, qui a tout permis et qui m'a accordé la plus grande grâce qui soit dans une vie humaine : faire l'expérience de ce que nos malades éprouvent au moment de la mort, ressentir la présence physique de nos guides spirituels sans avoir à mourir.

Un soir, au milieu des années soixante-dix, je fus invitée par un groupe. Ce soir-là, selon mes propres termes, Elisabeth K.-Ross devait rencontrer ses guides spirituels. Mais j'avais prévenu chacun que je ne croirais pas à ce miracle s'il n'était pas confirmé par soixante-quinze témoins et dûment enregistré sur magnétophone — bref, si toutes les personnes présentes ne le constataient pas de leurs propres yeux.

Cette nuit-là, dans une chambre obscure, entourée de soixante-quinze témoins appartenant à toutes les catégories sociales, je vécus une nouvelle expérience de ce que la plupart d'entre vous ne ressentiront qu'au moment de la mort.

Au bout de quelques instants, un personnage de haute taille, plus de deux mètres, surgit devant moi et commença à me parler. Et quelques minutes plus tard, mon propre guide, du nom de Salem, apparut, toucha mes sandales, me caressa les cheveux et me saisit la main. Aussitôt j'éprouvai cet amour inconditionnel, cette connaissance et cette compréhension que nous ne ressentons d'ordinaire qu'au moment où nous quittons notre corps physique.

Lors de cette nuit me furent révélées la nature et la raison de mon travail — pourquoi je devais parcourir le monde et partager avec tous cette connaissance, cet amour au-delà de toute compréhension, cette bénédiction et cette guidance. Si vous êtes sincère et prêt à reconnaître l'Hitler qui sommeille en vous, à vous en délivrer, vous pourrez apprendre l'amour inconditionnel, préférer la compassion à la condamnation et comprendre que notre vie dans ce corps physique ne représente qu'un court instant de notre existence totale. Cette vie est une école où nous choisissons nos propres matières, nos propres professeurs, où nous devons tout essayer, tout tenter, tout vérifier. Enfin, lorsque nous avons passé tous nos examens, nous recevons notre diplôme — et nous retournons au foyer d'où nous venons tous et où nous serons tous à nouveau réunis un jour.

Merci pour votre écoute.

# Guérir aujourd'hui

*(Elisabeth n'est pas la première à intervenir lors de ce séminaire. Quelqu'un la présente, d'une façon un peu solennelle. « Nous remercions les gens merveilleux qui ont organisé ce séminaire et permis la venue... d'une des femmes les plus remarquables de notre temps. Cette femme a reçu beaucoup d'amour. Cette femme a donné beaucoup d'amour. Elisabeth Kübler-Ross, vous célébrez la vie — et votre présence nous honore. Merci. » Applaudissements. Elisabeth commence à parler, légèrement hésitante.)*

Merci... Merci... Cela me touche beaucoup... de voir tant de gens... et de voir comment vous êtes tous prêts... à recevoir quelque chose de vraiment neuf. Je ne sais pas combien d'entre vous ont suivi ce qui s'est dit depuis huit heures ce matin... moi, en tout cas, je n'ai pas pu *(rires)* !

Rassurez-vous, il n'y a rien de plus normal ! Et je dis cela sans la moindre connotation négative. Nous vivons une époque passionnante, où tant de choses nouvelles se produisent, et je ne crois pas qu'une seule personne soit capable aujourd'hui de comprendre tout ce que fait Olga, tout ce que fait Selma, tout ce que fait Elmer — et tout ce que je fais, moi.

Nombre de gens qui n'entendent rien à ce que nous faisons affirment que nous sommes cinglés ou psychotiques, ou que nous avons perdu le sens des réalités — et ils nous affublent des noms d'oiseaux les plus divers. Si l'on nous insulte ainsi, nous devons considérer cela comme une bénédiction *(silence surpris, puis rires chaleureux et applaudissements)*, oui, comme une bénédiction. Je suis naturellement psychotique *(rires)*, et ce la plupart du temps — si du moins vous définissez la réalité d'une manière conventionnelle, comme ce qui est compréhensible par le plus grand nombre.

Sur les murs de mon bureau, on peut voir un écriteau qui dit ceci : « Pour éviter les critiques, ne dites rien, ne faites rien, ne soyez rien. » C'est effectivement le choix que font certaines personnes. Mais je crois que vous autres, les gens présents ici, avez une vision différente des choses. Ce qui ne vous rend pas pour autant supérieurs — je pense que vous le comprenez bien. Un enfant qui va au lycée ne doit jamais frapper son petit frère qui va à la maternelle.

Nous commençons à comprendre que cette vie, sous sa forme physique, n'est littéralement rien d'autre qu'une école où nous apprenons, où nous grandissons, où nous devons passer une série d'épreuves. Et plus nous évoluons, plus dures sont ces épreuves. Alors, nous comprenons aussi qu'il n'est aucun maître, mais que nous sommes tous des élèves à des niveaux différents.

Voulez-vous savoir pourquoi je vous dis tout cela ? Quand j'entends des phrases comme « le cerveau normal limite notre conscience » (phrase tirée d'une précédente conférence), ma seule réaction est : « Dieu merci ! » *(silence surpris dans le public)*. Oui, cela accroît encore mon profond respect à l'égard de Dieu — comme Il connaît bien l'homme puisqu'Il a créé un cerveau qui le limite ! En fait, nous ne pourrions supporter un cerveau sans limites. Imaginez un homme capable d'avoir un orgasme de vingt-quatre heures : qui s'occuperait de la vaisselle *(rires et applaudissements)* ? Et je ne plaisante qu'à moitié *(rires redoublés)* !

Notre humanité est un don du ciel. Quand je songe à tous les bébés qui naissent en cet instant — j'ai eu tout à l'heure dans ma chambre la visite d'un bambin de trois semaines —, je m'émerveille. Songez à tous les cerveaux réunis ici, dans une ville comme Washington. Combien d'entre vous seraient-ils capables de recréer un bébé même si vous disposiez de milliards de dollars ? Personne ne pourrait en recréer un. Personne.

Ce qui m'importe, ce ne sont pas les théories relatives aux états de conscience supérieurs, mais bien la guérison des êtres humains sur le terrain. Dans le cas contraire, je ne pourrais absolument pas faire ce que je fais. Il me serait en effet impossible de rester au chevet d'enfants mourants ou de parler à des gens dont les proches viennent de mourir. Et je songe ici à cette mère sortie faire ses courses et qui, une fois revenue chez elle, a trouvé ses trois garçons tués d'une balle dans la tête, à ce couple qui a perdu tous ses enfants en six mois à cause du cancer, à ce jeune médecin qui a vu son père, atteint de la maladie de Huntington, devenir sénile à l'âge de quarante ans — oui, ce jeune médecin qui s'est demandé pendant des années s'il allait lui aussi attraper cette maladie, avant d'en développer les premiers symptômes... et de ne plus songer qu'au suicide devant le sort qui l'attendait.

Non, je n'aurais jamais pu travailler dix-huit heures par jour, sept jours par semaine, au milieu de l'angoisse, de la souffrance et de l'horreur si je n'avais pu percevoir la dimension positive des choses. Dès que les gens commencent à apprendre le sens de la vie, la vraie signification de la souffrance, à comprendre le miracle inouï de l'existence humaine, ils bénissent chaque journée, non seulement ses joies et ses bonheurs, mais, plus encore, ses revers et ses difficultés.

## La femme paralysée

J'ai reçu il y a quelque temps un appel d'une jeune infirmière. Celle-ci avait promis à sa mère de la ramener chez elle pour y mourir si jamais elle devenait semblable à un légume — car pour toutes les deux, cela équivalait à la mort. Quand je l'ai interrogée sur la raison de son appel, elle m'a répondu : « Je voudrais vous demander une petite faveur. J'aimerais que vous parliez à ma mère, car aujourd'hui c'est le dernier jour où elle peut s'exprimer. »

Sa mère était atteinte d'une paralysie qui progressait rapidement, des orteils jusqu'au haut du corps. Les médecins pouvaient quasiment savoir le jour où elle ne pourrait plus parler, puis celui où elle ne pourrait plus respirer. Alors, elle devrait choisir entre le respirateur et la mort. Et ce jour-là était le dernier jour où elle pouvait s'exprimer.

Comment refuser pareille demande ? « Bien sûr, ai-je dit, mettez le téléphone sur son oreille. » La mère a essayé de me parler, mais je n'ai absolument rien compris à ses propos. Quand vous vivez auprès des gens, cela est évidemment plus facile — mais au téléphone, c'était complètement impossible. Dans de tels cas, il est très important de se montrer sincère, et surtout de ne pas faire semblant.

Aussi ai-je dit à la fille :

— Je ne sais pas très bien de quoi elle parle, mais il s'agit sans doute d'une affaire importante à régler — car elle a besoin de se confier à quelqu'un. Malheureusement, je dois partir pour l'Europe. Enfin... Est-ce que vous habitez loin d'ici ?

— A quatre heures de voiture, a-t-elle fait.

— Ce n'est pas de chance. Si ça avait été trois heures, j'aurais pu aller là-bas et revenir en six heures. Mais huit heures, c'est hors de question. Je dois prendre un avion.

Mais j'ai ajouté aussitôt, impulsive comme je peux l'être : « Il faut croire aux miracles. Si je dois voir votre mère, je la verrai. Il faudrait que vous puissiez l'installer dans une camionnette. Et l'on pourrait se donner rendez-vous à mi-chemin pour une "consultation au coin de la rue" *(rires)*. » Je n'ai pas encore trouvé de meilleur terme, mais je fais ça très souvent. Du moment que vous connaissez votre géographie, cela fonctionne.

Et cette jeune infirmière m'a répondu : « Moi aussi, je crois aux miracles. La maison de ma mère se trouve de l'autre côté de Los Angeles, et si je l'amène là-bas, vous aurez le temps de la voir et de prendre votre avion. »

Il ne me restait plus qu'à trouver un ami qui n'ait pas peur de la police *(rires)* et qui puisse foncer vers Los Angeles. Nous avons bondi dans une voiture. Et presque volé vers L.A.

Je suis donc entrée dans la maison de cette malade. Je m'attendais à voir — puisque nous projetons toujours tout à l'avance — une femme de cinquante-cinq ans, soit l'âge que j'avais à l'époque, aux trois quarts paralysée, déprimée, misérable et malheureuse. Et j'avais devant les yeux le sourire le plus rayonnant qui soit.

J'ai essayé de lui parler et de comprendre ce qu'elle voulait me dire. D'abord, elle a souhaité me remercier. Car sans moi, disait-elle, elle serait morte à l'hôpital. En effet, si elle n'avait pas assisté un jour à l'une de mes conférences, elle aurait été à présent sous respirateur. Et, sans être un horrible cauchemar, cela aurait été pour le moins désagréable. Mais surtout cela l'aurait privée du plus grand cadeau de sa vie, à savoir sa petite-fille, née douze semaines auparavant. « Vous savez, m'a-t-elle expliqué, nous n'aurions jamais pu nous voir à l'hôpital. Car les tout-petits n'y sont pas admis. »

Alors je lui ai demandé : « Dites-moi ce que vous avez éprouvé, afin que je puisse le communiquer à d'autres patients. Oui, dites-moi ce que vous avez ressenti la nuit où vous avez compris que vous ne seriez plus capable de bouger les bras et les mains. Il y a encore quelques mois, vous vous promeniez dans le jardin, vous preniez soin de chaque chose... » Et à présent, elle était immobilisée jusqu'au cou.

Et au lieu de montrer un visage triste, voire tragique, et de sangloter en s'apitoyant sur son sort, elle a souri à nouveau. Puis elle a dit (nous nous comprenions à l'aide d'une « table de communication » !) : « Je dois vous décrire ce qui est vraiment arrivé. Car ce matin-là, je me suis retrouvée paralysée jusqu'au menton. Ma fille a aussitôt compris la gravité de ma situation. Elle est entrée dans ma chambre et a posé très doucement son bébé de trois mois entre mes bras. Et soudain, ce bébé a commencé à déplier ses doigts, ses mains et ses bras — il était en train d'en découvrir l'existence ! Et j'ai pensé : " Quelle bénédiction ! Pendant cinquante-cinq ans, j'ai possédé tout cela, et maintenant je le transmets à ma petite-fille. " »

Alors elle a commencé à baver, et je l'ai taquinée :

— Baver comme ça ! N'avez-vous pas honte ? Il y a quelques mois, j'en suis sûre, vous n'auriez pas supporté que quelqu'un vous voie dans cet état.

— Vous avez sacrément raison, m'a-t-elle répondu en riant. Il y a quelques mois, je ne l'aurais certainement pas supporté. Mais aujourd'hui, savez-vous, nous sommes deux à baver et à gazouiller *(rires)* !

Voici, en deux mots, ce que j'essaie de vous faire partager : vous ne savez pas apprécier ce que vous possédez. Rares sont ceux qui ont vraiment conscience de tous ces miracles quotidiens : aller à la salle de bains, marcher, danser, chanter ou rire. Vous devez attendre de perdre ce que vous possédez pour en mesurer l'importance — mais alors vous ne pouvez plus le bénir qu'au passé.

Si jamais vous atteigniez une forme supérieure de conscience, pouvez-vous imaginer à quel point cela serait tragique ? Car vous n'apprécieriez pas ce que vous auriez — sauf par éclairs. Des éclairs qui vous transmettraient alors la saveur de ce que vous pourriez posséder en continu — si du moins vous étiez capable d'apprécier ce que vous aviez déjà. Suis-je trop compliquée ?

En fait, il n'est rien de plus simple. Chacun peut soigner et guérir. Chacun peut accéder à une forme supérieure de conscience. Et vous n'avez rien à faire pour cela, si ce n'est apprécier ce que vous avez et de vous délivrer des blocages qui vous empêchent de l'apprécier pleinement. Je vais vous dire, en termes clairs et pratiques, comment y parvenir.

Ne cherchez ni gourous ni maîtres exotiques. Les maîtres que vous rencontrerez au cours votre vie seront toujours les plus inattendus qui soient. Quand j'ai commencé mon séminaire sur la mort et le mourir à l'université de Chicago, j'étais plutôt *persona non grata*. Les gens me crachaient dessus et m'humiliaient publiquement parce que j'étais un médecin qui s'efforçait de travailler avec les mourants. C'était très dur, très difficile, et parfois très douloureux *(on discerne un léger tremblement dans sa voix)*. Ils m'appelaient le vau... le vautour. Il me semble que cela se passait il y a plus d'un siècle.

Lorsque vous êtes très seul, loin de tout, et que vous avancez sur une étendue de glace, vous devez vous montrer très prudent, vous devez savoir exactement jusqu'où vous pouvez aller avant que la glace ne se brise. C'est littéralement une question de vie ou de mort — d'être ou de ne pas être. Si vous avancez trop loin ou trop vite, vous perdrez tout ce que vous avez gagné. Il en va de même lorsque vous tentez d'expliquer à autrui la nature de vos expériences relatives aux états de conscience élevés. Si vous n'êtes pas sûr de vous, procédez avec lenteur. Et si, au bout d'un certain temps, vous n'avez toujours pas confiance, alors restez tranquille. Cela veut tout simplement dire que ceux qui vous écoutent ne sont pas encore prêts à recevoir ce que vous dites. Et ça ne doit vous poser aucun problème !

A l'époque, les choses étaient très difficiles. Je ne trouvais personne pour me soutenir. J'étais dans une situation on ne peut plus précaire — et seuls mes patients me réconfortaient. Vous faites ce que vous devez faire, continuez — tel était le message qu'ils me délivraient. En quelque sorte, mes mourants me soutenaient l'un après l'autre. Durant cette période particulièrement vulnérable, je suis néanmoins devenue une excellente psychiatre car j'ai appris à connaître profondément les malades : ceux auxquels je pouvais me fier et ceux avec lesquels je devais procéder lentement.

Durant ces années-là, j'étais terriblement seule — les aumôniers de l'hôpital ne travaillaient pas encore avec moi —, et j'avais vraiment besoin d'un soutien moral. Oui, j'étais seule — à part une femme de ménage noire.

## La femme de ménage noire[1]

Cette femme de ménage noire a été mon plus grand maître. Et je crois que je la remercierai aussi longtemps que je vivrai pour tout ce que j'ai appris auprès d'elle. C'est elle qui devrait avoir droit à tous les honneurs. Et pourtant, elle ne sait pas à quel point elle m'a aidé.

Cette femme, qui travaillait à l'hôpital de l'université, avait un don qui dépassait complètement *ma* compréhension. Elle n'avait reçu aucune éducation et n'avait pas la moindre connaissance théorique. Mais elle « dégageait ». A vrai dire, j'aurais donné n'importe quoi pour savoir ce qu'elle faisait avec mes patients mourants. Chaque fois qu'elle entrait dans la chambre d'un de mes malades, quelque chose se passait. Oui, j'aurais bien donné un million de dollars pour découvrir son secret.

Un jour, je l'ai croisée dans un couloir. Et je me suis dit : « Toi qui demandes toujours à tes étudiants : si vous avez une question à poser, posez-la pour l'amour de Dieu — eh bien, c'est le moment ou jamais. » Je l'ai donc abordée et lui ai demandé, d'un ton un peu sec : « Que fabriquez-vous donc avec mes mourants *(rires)* ? »

Naturellement, elle s'est raidie aussitôt, et elle m'a répondu : « Rien de spécial. Je nettoie simplement leurs chambres *(rires)*. » Comme je venais de Suisse, je ne

---

1. Depuis ma congestion cérébrale, je ne me souviens plus du nom de cette femme, ni de celui d'autres gens qui ont compté pour moi.

pouvais guère comprendre qu'une femme de ménage noire ne se sente pas à l'aise avec une psychiatre blanche. « Vous savez bien que je ne parle pas de ça », ai-je grommelé. Mais elle est partie, sans vouloir m'écouter.

Nous nous sommes observées comme ça pendant des semaines *(rires)*. S'observer l'un l'autre — voilà le plus simple exemple de langage symbolique, non verbal. C'est ce que les gens font lorsqu'ils cherchent à connaître autrui, à deviner qui vous êtes — profondément, et non pas en apparence.

Un jour, après des semaines d'hésitation, elle m'a littéralement empoignée et conduite dans une petite pièce derrière le poste de soins. Là, elle m'a raconté, en m'ouvrant son cœur, une histoire dramatique, qui semblait n'avoir aucun rapport avec ma question initiale et qui, une fois encore, dépassait *ma* compréhension.

Oui, elle m'a raconté comment elle avait grandi dans un environnement misérable, sur la 63e Rue. Pas de nourriture, pas de médicaments, des maladies à répétition. Elle avait même vu mourir de pneumonie son petit garçon de trois ans, après avoir attendu pendant des heures dans un hôpital qu'un médecin vienne le soigner.

Ce qu'il y avait de sublime avec cette femme, c'est qu'elle partageait sa souffrance et son angoisse sans haine ni ressentiment, sans colère ni négativité. A cette époque, j'étais plutôt naïve, et j'eus presque envie de lui dire : « Mais pourquoi me racontez-vous tout cela ? Qu'est-ce que cela a à voir avec mes patients mourants ? » Et elle me répondit, comme si elle avait lu dans mes pensées :

« Vous savez, docteur Ross, la mort n'est plus une étrangère pour moi. C'est une vieille, une très vieille connaissance. Et, parfois, vos patients ont l'air si épouvantés. Alors, je ne peux m'empêcher de m'approcher d'eux, de les toucher et de leur dire : " allons, ce n'est pas si terrible ". »

Sans cette femme — et je dis cela du fond de mon cœur —, oui, sans cette femme, je ne crois pas que j'aurais continué. Ni gourous ni maîtres exotiques, ai-je affirmé tout à l'heure. Je voulais dire par là que les maîtres de notre vie surgissent toujours déguisés. Sous la forme d'enfants, de grands-mères séniles ou d'une femme de ménage noire.

En ce sens, cette femme ne savait pas qui elle était. Elle ne savait pas quel rôle elle avait joué et combien de vies elle avait influencées grâce à ses décisions. Car *ce* que vous faites dans la vie n'a aucune importance. Ce qui compte, c'est de le faire avec amour.

A la grande consternation de mes collègues, cette femme est devenue mon assistante *(rires et applaudissements)*. Parce que... *(Elisabeth s'interrompt et se tourne vers le public.)* Soyez sincères : combien d'entre vous ont-ils applaudi sans agressivité *(silence surpris)* ?

Combien d'entre vous ont applaudi *avec* agressivité *(même silence)* ?

Avec agressivité envers les médecins et les institutions ? *(Applaudissements dispersés, rires et bravos.)* C'est bien ce que je pensais. Aussi longtemps que vous agirez ainsi, vous serez responsables du mauvais état du monde. Il est très important que vous compreniez cela. Nous maudissons, nous questionnons, nous jugeons et nous critiquons — et chaque fois que nous jugeons et critiquons, nous ajoutons de la négativité au monde.

Demandez-vous donc pourquoi un lycéen peut frapper un écolier. Avez-vous vraiment compris ce que j'ai dit tout à l'heure ? C'est toujours par arrogance que nous agissons ainsi. Suis-je assez claire ?

*(Très doucement.)* Si vous voulez *guérir* le monde, il est très important que vous compreniez que *vous ne pouvez le guérir sans vous guérir vous-même*. Aussi longtemps que vous continuerez à juger et à critiquer autrui, *vous* serez responsable d'Hiroshima, de Nagasaki, du Vietnam, de Maidanek ou d'Auschwitz. Je veux dire, littéralement *(silence dans le public)*.

Mais permettez-moi une parenthèse. Au début, nous faisions toujours participer quelques mourants choisis au hasard à nos séminaires. J'étais alors une novice, et je dépendais entièrement de mes patients. Que Dieu me pardonne, mais à l'époque je n'aurais pu rester plus de dix minutes sur une estrade sans l'un de mes malades. Pour la bonne raison que je n'aurais pas su quoi dire. C'était il y a dix mille ans *(rires)*. En fait, il y a seulement treize ans.

Un jour, le malade qui devait m'accompagner est mort dix minutes avant le début du séminaire. J'étais une novice, comme je vous l'ai dit, une absolue novice. Alors j'ai demandé à tous mes collègues : « Aidez-moi. Qu'est-ce que je vais bien pouvoir dire pendant deux heures ? Dois-je annuler la conférence ? » Mais la chose était impossible car certaines personnes étaient venues de très loin pour y assister.

Et le moment tant redouté est arrivé. Je me suis retrouvée seule sur l'estrade devant quatre-vingts étudiants. Ce fut l'un des pires moments de ma vie — et l'une de mes plus grandes conférences sur la mort et le mourir.

Devant ce groupe composé d'étudiants en médecine ou en théologie, d'infirmières, de prêtres, de rabbins, j'ai déclaré quelque peu abruptement : « Vous savez, nous n'avons pas de patient aujourd'hui. Alors, pourquoi ne chercherions-nous pas à aborder de front nos propres problèmes et à voir comment nous pourrions les résoudre ? » En réalité, je cherchais simplement à tuer le temps. Et je me demandais bien ce que mes auditeurs allaient pouvoir inventer. Mais, à ma grande surprise, la plupart d'entre eux ont commencé à s'en prendre au médecin-chef d'un de nos services — où tous les malades mouraient.

## Le pauvre type

Quel était donc le problème de ce médecin ? Certes, il avait été formé comme nous tous : à guérir, à soigner, à prolonger la vie — mais au-delà, il ne savait rien faire. Et tous ses patients succombaient, littéralement rongés par les métastases.

Notre médecin, lui, se tenait sur la plus extrême défensive. Jusqu'à affirmer à ses patients qu'en fait ils n'avaient rien, et que tout se passait dans leur tête.

173

Tant et si bien que beaucoup d'entre eux ont demandé à voir un psychiatre. Puisque tout se passait prétendument dans leur tête, ils avaient donc besoin d'une aide psychiatrique.

Et moi, j'étais censée aider ces patients à se débarrasser de leurs craintes. Malheureusement, comme je pouvais le constater sur les radios, leur cancer « fictif » était bien réel. Je ne sais pas si vous vous rendez compte de l'épouvantable conflit dans lequel cet homme *me* mettait. Je ne pouvais dire à ces gens : « Ce n'est pas vous, mais votre médecin qui devrait voir un psy. » Non, je ne le pouvais pas. *Car vous ne pouvez jamais aider une personne en en critiquant une autre.*

Et dans une institution comme celle-là, il faut impérativement entretenir une certaine solidarité. Je ne pouvais donc dire à ce médecin qu'il s'agissait de *son* problème...

En attendant, le problème majeur des étudiants, c'était lui, et personne d'autre. Et je ne savais vraiment pas quoi faire. J'étais sur cette estrade, devant quatre-vingts personnes qui me regardaient fixement — et je me demandais : « Qu'est-ce que je vais bien pouvoir dire à présent ? »

Alors, j'ai commencé à leur expliquer que l'on ne peut aider quelqu'un en se montrant agressif avec lui. Si vous voulez réellement aider une personne, vous devez faire preuve d'une certaine compassion — ou du moins de compréhension. Mais si vous êtes prêt à l'étrangler — et, pour ce qui est de notre médecin, j'avoue que j'aurais bien aimé l'étrangler mille fois —, alors vous ne pouvez rien faire pour elle.

Puis j'ai posé une question à ce groupe — composé, je vous le rappelle, de professionnels de la santé : « Quels sont ceux qui parmi vous aiment ce médecin ? Levez la main. » Pas une seule main ne s'est levée !

J'étais complètement désespérée. Je les ai tous regardés à nouveau et j'ai demandé : « Y en a-t-il au moins un qui l'aime un tout petit peu ? » Alors, une jeune infirmière a levé la main. Et sans m'en rendre compte, j'ai commencé par agresser cette pauvre fille *(rires)*... Je l'ai observée un instant et je lui ai dit : « Etes-vous malade ? » Je croyais en effet qu'il fallait être malade pour aimer un tel homme.

Une longue discussion a alors commencé. Pourquoi nos comportements étaient-ils si discriminatoires ? Pourquoi ne montrions-nous de l'amour, de la tendresse et de la compassion qu'aux seuls mourants ? En réalité, si nous étions capables de donner une partie infime de cet amour à notre prochain, le monde deviendrait merveilleux.

Et j'ai demandé à cette infirmière : « Comment se fait-il que vous soyez la seule à apprécier cet homme ? » Car, selon mon point de vue — ou, si l'on veut, mes préjugés —, il n'y avait rien en lui qui méritât d'être apprécié.

Elle s'est levée et... calmement, sans arrogance ni ostentation, mais avec une grande humilité, elle a regardé chacun, puis elle a dit : « Vous ne connaissez pas cet homme. Vous ne le connaissez pas. » *Moi*, j'avais envie de répondre : « Allons donc, on voit que vous n'avez jamais travaillé avec cet idiot. » Mais je suis restée silencieuse. J'ai simplement essayé d'écouter ce que cette femme avait à dire — car elle devait savoir quelque chose que je ne savais pas. Et elle a commencé à se confier.

« Vous ne pouvez pas comprendre. Moi, je suis là chaque nuit. Et je le vois qui fait sa tournée. Alors que tout le monde est parti, il fait ses visites. Il a toujours l'air un peu arrogant, comme s'il était le " big boss ". Il entre dans la chambre d'un patient, et quand il en ressort, il est pâle comme un linge. Alors il pénètre dans la chambre suivante, et son visage s'allonge encore un peu plus. Lorsqu'il sort de la dernière chambre, il a l'air complètement désespéré. »

Et elle nous a fait partager l'angoisse physique de cet homme, broyé par tout ce qu'il devait endurer. Puis, elle a poursuivi : « Et cela continue, nuit après nuit. Parfois, j'éprouve le besoin d'aller vers lui, de le toucher et de lui dire : " Mon Dieu, comme cela doit être difficile ! " Mais, naturellement, je ne peux agir ainsi à cause de la hiérarchie. »

Alors je lui ai demandé : « Et pourquoi pas ? Si vous cessiez de réfléchir un seul instant pour laisser parler votre intuition, sans juger ni critiquer, vous seriez capable d'aider cet homme. Et si vous pouvez aider *un* homme, vous pouvez en aider des milliers. »

Chacun a commencé à manifester de la compassion pour ce « pauvre type » ! J'étais quelque peu embarrassée.

Mais nous avons poursuivi notre discussion sur ce sujet. Nous ne voulions pas laisser cette affaire en suspens. Nous savions... oui, nous savions que cette infirmière était la seule personne susceptible d'aider ce médecin.

Dans un premier temps, elle a réagi d'une manière prévisible.

— Vous savez, je ne suis qu'une infirmière, et c'est un chef de service.

— Ce que vous êtes n'a ici aucune importance, lui ai-je dit. Vous avez vraiment de la tendresse pour cette personne. Vous êtes la seule qui pouvez l'aider.

— Je ne peux pas, a-t-elle répondu, je ne peux pas.

A la fin de cette conférence — sans doute l'une des meilleures que j'aie jamais faites parce que j'y avais *appris* quelque chose —, je lui ai redit : « Si jamais vous ressentez à nouveau le besoin de l'aider, allez vers lui et n'hésitez pas à le toucher. Personne ne vous demande de prendre un médecin dans vos bras. Touchez-le simplement. Et dites lui ce qui vous vient à l'esprit. » Elle n'a rien promis. Elle n'a dit ni oui ni non, mais « j'essaierai ». Et la conférence s'est achevée.

Trois jours plus tard, quelqu'un est entré comme un bolide dans mon bureau — heureusement, je n'avais pas de patient à ce moment-là —, riant, pleurant, criant : « Je l'ai fait, je l'ai fait, je l'ai fait ! »

Je ne savais pas du tout qui était cette personne *(rires)*. Ni ce qu'elle avait bien pu faire de si extraordinaire. Elle me paraissait avoir perdu complètement les pédales. Puis, je l'ai reconnue — et elle m'a raconté toute l'histoire.

« Pendant deux nuits, j'ai essayé de rompre le silence, mais je n'en ai pas eu le courage. La troisième nuit, pourtant, lorsqu'il est sorti de la chambre de son dernier patient — un adolescent atteint d'un cancer —, je me suis rappelé que j'avais passé une sorte d'engagement avec vous. »

Alors son quadrant intellectuel a commencé à interférer : « Non, on ne peut pas agir ainsi. » Mais, en même temps, elle se disait : « J'ai promis de ne pas réfléchir. » Et elle s'est accordée d'un coup à son quadrant intuitif.

« Je suis allée vers lui, je crois... que je ne l'ai même pas touché. Et je lui ai dit : " Dieu que ce doit être difficile ! " Alors il a commencé à pleurer. Il m'a conduite dans son bureau — et là, la tête entre les mains, il a déversé tout son chagrin, toute sa souffrance, toute son angoisse. Jamais sans doute il ne s'était confié ainsi. Il m'a raconté toutes ses épreuves : comment il avait dû travailler pour poursuivre ses études, comment il s'était sacrifié sans jamais prendre de loisirs, comment il avait choisi cette spécialité parce qu'il avait cru pouvoir aider les gens. Et maintenant, alors qu'il avait atteint son but, tous ses malades lui mouraient entre les bras. Il était complètement impuissant. Et il se demandait s'il avait eu raison de tout abandonner pour en arriver là. »

Elle l'avait simplement *écouté*.

Me comprenez-vous maintenant ? Comment pourriez-vous démolir un tel homme ?

Cette jeune infirmière avait simplement eu le courage d'être elle-même, au-delà de toute hiérarchie, au-delà de toute bienséance. Et parce qu'elle avait compris à ce moment-là que nous étions tous frères et sœurs, elle avait pu traiter cet homme non comme le « big boss », mais comme un être humain, avec les qualités que nous possédons tous.

Une année plus tard, ce médecin est venu me consulter au service psychiatrique. Petit à petit, il a abandonné son arrogance. Il est devenu plus humble, plus compréhensif, faisant preuve d'une grande compassion envers ses patients.

S'il n'avait pas eu la lucidité de demander cette aide, je crois que son travail aurait fini par le tuer.

Ainsi, il suffisait de trouver l'infirmière parfaite pour transformer un « pauvre type ». Mais, naturellement, nous n'avons pas besoin d'être une infirmière pour ce faire. Et l'on n'est jamais trop jeune pour aider autrui. J'espère que vous le comprenez.

Combien parmi vous détestent-ils les médecins avec lesquels ils travaillent ? *(Silence dans le public.)* Soyez donc sincères. Chaque fois que vous considérez quelqu'un comme un « pauvre type » — ou quelle que soit l'expression que vous employez —, vous augmentez son agressivité. Parfois, les infirmières sont directement responsables du caractère odieux des médecins — de certains médecins du moins, car il en existe de merveilleux. Comprenez-vous pourquoi je vous dis cela ?

Il arrive qu'un médecin manque d'assurance et qu'il éprouve alors le besoin de dissimuler ce sentiment d'insécurité sous une carapace agressive. Si les dix infirmières qui travaillent dans son unité ne peuvent le supporter, il sentira leur hostilité, ce qui ne fera qu'accroître son malaise. Et il deviendra dix fois plus agressif. Mesurez-vous à quel point nos pensées sont puissantes ?

En conséquence, si jamais vous pensez en voyant quelqu'un : « Ce type est un taré parce qu'il n'agit pas comme je le voudrais », bloquez immédiatement cette pensée et manifestez-lui au contraire toute votre compréhension, toute votre compassion.

Si toute l'équipe d'un service agissait ainsi avec un

médecin pendant une semaine, celui-ci changerait automatiquement son attitude — sans que personne n'ait besoin d'élever la voix. L'un d'entre vous a-t-il déjà essayé ? Vous n'imaginez pas la force de nos pensées.

En vérité, vous pouvez changer les personnes les plus irrécupérables — et ce sont naturellement celles qui en ont le plus besoin — en les entourant d'affection et d'une atmosphère positive.

Comprenez-vous bien mon propos ? C'est la seule manière de créer un véritable changement. Et ici, je vous parle en tant que psychiatre. Vous devez guérir le monde avant qu'il soit trop tard. *Et vous ne pouvez guérir le monde sans vous guérir vous-même.*

Dieu a créé l'homme comme un être parfait ; il l'a doté de toutes les qualités requises et de tout ce qui lui était nécessaire. En d'autres termes, vous obtiendrez toujours ce dont vous avez besoin, mais pas toujours ce que vous souhaitez. Et au fur et à mesure que vous évoluerez, vous obtiendrez toujours plus. Lorsque vous y serez prêt — et non lorsque vous le désirerez.

Chaque être humain est composé de quatre quadrants : physique, émotionnel, intellectuel et intuitif/spirituel.

Sur le plan intellectuel, la plupart d'entre nous souffrent d'hypertrophie — tout spécialement dans cette salle *(rires)*. Le quadrant spirituel, quant à lui, ne nécessite aucune attention particulière. S'il ne s'éveille pas, c'est qu'il est entravé par différents blocages. Pour ce qui est du quadrant physique, vous prenez tous des vitamines, vous faites de la gymnastique ou du yoga — aussi je ne m'en soucie pas outre mesure. C'est en fait le quadrant émotionnel qui constitue le plus grave problème de notre société. Il se développe presque exclusivement entre quatre et six ans. Soit durant la période où vous adoptez les attitudes fondamentales qui vont gâcher votre vie. Et j'insiste sur le mot « gâcher ».

Si vos quadrants physique, émotionnel, intellectuel et spirituel sont en harmonie, vous ne pouvez tomber malade. La maladie ne connaît en effet que trois sortes de causes : traumatique, génétique ou dysharmonique (c'est-à-dire consécutive à un déséquilibre des quatre quadrants). Si j'évoque un tel domaine, c'est parce qu'il compte pour beaucoup dans la guérison. En prenant conscience de certaines choses, vous pouvez non seulement guérir les gens, mais aussi prévenir la maladie. Et j'espère que lors de la prochaine génération, nous consacrerons quatre-vingt-dix pour cent de notre énergie à prévenir les maladies plutôt qu'à organiser des concerts de charité pour guérir celles qui auraient pu être évitées.

Lorsque nous travaillons avec des enfants trop jeunes ou qui ne peuvent plus parler, nous utilisons le dessin pour comprendre leur langage symbolique. Nous les guérissons — et c'est sans doute la médecine de l'avenir ! — avec des boîtes de crayons de couleur, enfin presque...

Quand un enfant ne peut parler et que j'ai besoin de savoir ce qu'il doit savoir pour achever son travail en souffrance, je lui donne une feuille de papier, une boîte de crayons et je lui demande de faire un dessin. Naturellement, il ne faut pas lui dire ce qu'il doit dessiner.

En cinq ou dix minutes, vous savez qu'il sait qu'il va mourir. Vous savez où réside sa pathologie. Si, par exemple, il a une tumeur au cerveau, celle-ci sera localisée dans une certaine partie du dessin. Vous savez approximativement combien de temps il lui reste à vivre, vous savez s'il lutte ou s'il se laisse aller. Et vous connaissez la nature de son blocage.

Nous avons procédé ainsi avec des milliers d'enfants — y compris des enfants qui plus tard furent assassinés ou victimes des accidents les plus divers. La perception de leur mort prochaine, en grande partie inconsciente, provient toujours de leur quadrant spirituel.

Pourquoi les enfants perçoivent-ils les choses avec une plus grande justesse que les adultes ? Parce qu'ils n'ont pas encore été contaminés par la négativité. Si vous éduquez la génération qui vient dans un amour inconditionnel, sans *jamais* recourir à aucune forme de punition, mais dans une discipline ferme et constante, elle sera capable de se guérir elle-même, sans le secours des professionnels de la santé. Elle sera parfaitement saine ainsi que Dieu nous a tous créés.

Vous êtes en bonne santé quand vos quadrants physique, intellectuel, émotionnel et spirituel sont en harmonie. Nous ne parlons pas ici, bien sûr, des maladies traumatiques ou génétiques.

Si vous éleviez vos enfants en leur permettant d'exprimer leurs émotions naturelles — leur souffrance, leur colère, leur chagrin —, ils ne pleureraient jamais pour aller à l'école. L'apprentissage deviendrait pour eux un défi stimulant, une aventure passionnante — spirituelle même. Vous êtes né de Dieu, et vous n'avez pas à acheter votre quadrant intuitif ou à prier pour en avoir un. Car il vous a été donné. Et la seule chose qui vous empêche de l'utiliser, c'est votre propre négativité.

Puisque tous les enfants possèdent cette connaissance intérieure — née du Dieu qui vit en nous, née de notre quadrant spirituel —, pourquoi les adultes l'ont-ils perdue ? Et comment pouvons-nous nous servir de la connaissance des enfants pour venir au secours des adultes ?

Je vais vous donner à présent un exemple — mon favori —, qui montre comment l'enseignement du langage symbolique peut être utilisé pour aider les adultes. Cet exemple concerne un malade cancéreux, mais — je tiens à le souligner — il ne s'agit aucunement ici de privilégier une maladie par rapport à une autre. Ceux qui souffrent d'une maladie neurologique, d'une sclérose latérale amyotrophique, ceux qui ont eu une congestion cérébrale, et qui ne peuvent même plus parler ou bouger, ont autant — si ce n'est plus — besoin de notre aide. Nous parlons toujours des cancéreux comme si le cancer était la plus grande tragédie du monde. Il va de soi — et j'espère que vous le comprenez — que nous devons aider non seulement les cancéreux mais *tous* les malades.

### Bernie Siegel

Il y a deux ans de cela, un médecin s'est montré très impressionné par le travail que nous faisions avec les enfants mourants sur les dessins spontanés. Ce médecin-là ne manquait pas de courage, puisqu'on l'a aussitôt traité de fou — aujourd'hui, on le considère simplement comme un hérétique... Nous lui avons expliqué que le dessin spontané, en tant qu'expression de la connaissance intérieure, concernait autant les adultes — fussent-ils en bonne santé — que les enfants. Une fois que le diagnostic d'une maladie terminale a été établi, on demande au patient de faire un dessin — sans lui donner aucune instruction. Et l'on obtient une première impression globale. Ensuite, on lui demande de représenter son cancer.

Le médecin en question a donc pris quelques dessins d'enfants pour les étudier. Puis, il a décidé de vérifier par lui-même le bien-fondé de notre approche.

Au lieu de dire à ses patients cancéreux ce qu'ils devaient faire, il a fait preuve envers eux d'un respect et d'un amour inconditionnels. Il n'a pas cherché à se montrer directif, ni à exiger quoi que ce soit. Non, il leur a simplement dit : « Faites-moi un dessin ! » Et en observant leurs dessins, il a pu connaître l'état de ces patients non seulement sur le plan physique, mais aussi sur les plans intellectuel, émotionnel et spirituel.

Mon dessin favori — celui dont je suis la plus fière ! — est dû à un homme atteint d'un cancer *(elle montre le dessin au public).* Je vais le décrire pour ceux d'entre vous qui ne peuvent le voir. Après que le malade eut exécuté un premier dessin — lequel permet une appréciation globale de l'état du patient —, notre médecin lui a demandé de représenter son cancer. Alors, il a dessiné un homme, puis à l'intérieur du corps de cet homme, il a tracé de grands cercles rouges concentriques — signifiant par là que ce corps était plein de cellules cancéreuses rouges (la couleur du danger).

Lorsqu'on lui a demandé comment il concevait la chimiothérapie, traitement préconisé par son cancérologue — et que la plupart des médecins auraient sans doute choisi dans le même cas —, il a dessiné de grandes flèches noires, qui frappaient chacune une cellule cancéreuse. Mais il y avait quelque chose de singulier et même d'inattendu dans ce dessin. Lorsque les flèches noires de la chimiothérapie atteignaient les cellules rouges du cancer, elles s'en détournaient aussitôt.

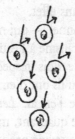

## La chimiothérapie

Si vous aviez été le médecin de ce patient, auriez-vous prescrit une chimiothérapie ? Si vous n'aviez jamais appris à interpréter de tels dessins, ce traitement vous aurait-il semblé adapté à ce malade ?

C'était en tout cas l'avis des médecins. Pourtant, quelque chose en cet homme — et certainement pas son intellect — me disait qu'il savait. Oui, il savait au plus profond de lui qu'il allait rejeter la chimiothérapie qu'on lui proposait.

Le message délivré par ce patient provient d'un quadrant dont l'existence est rejetée par la plupart des êtres humains. Guidés par notre quadrant intellectuel hypertrophique — qui se considère lui-même comme infaillible —, nous pensons que cet homme est stupide, puisque, d'un point de vue statistique, il apparaît évident que la chimiothérapie convient à ce type de cancer. En conséquence, le malade doit être traité de cette manière.

Mais si vous percevez ce que révèle son quadrant intuitif, vous comprenez aussitôt que, dans ce cas précis, la chimiothérapie sera sans effet.

L'amour inconditionnel — qui n'a rien à voir avec un quelconque sentimentalisme à l'eau de rose — implique le respect d'autrui. Je dois respecter les autres parce que la connaissance qu'ils ont d'eux-mêmes est toujours supérieure à celle que j'en ai. *Leur* connaissance provient certes d'un autre quadrant, mais elle se révèle toujours plus juste que le savoir propre au quadrant intellectuel.

Alors, comme cette forme de respect est quelque chose de profondément ancré en moi, j'ai demandé à ce patient :

— Qu'est-ce que votre docteur vous a dit à propos de cette chimiothérapie ?

— Il a dit que cette chimiothérapie allait tuer mes cellules cancéreuses.

Mais je sentais confusément que quelque chose n'allait pas. Alors je l'ai interrogé à nouveau :

— Qu'est-ce qu'il vous a dit exactement ?

— Que ça allait tuer mes cellules cancéreuses, a-t-il répété d'une façon très naturelle.

— Oui, *mais...* ?

Il m'a alors dévisagée comme s'il voulait me mettre à l'épreuve, et il a dit brusquement :

— Tu ne tueras point.

— Quoi ? ai-je fait

— Tu ne tueras point.

Je commençais enfin à mieux comprendre.

— Pas même des cellules cancéreuses ? !

— Non. Vous voyez, docteur Ross, j'ai été élevé chez les quakers. Et je crois profondément à ce commandement universel : « Tu ne tueras point. » J'y ai réfléchi très sérieusement — et je ne crois pas que je puisse tuer.

Si vous pratiquez l'amour inconditionnel, vous respectez votre prochain sans tenter de le convaincre, de le convertir ou de le transformer. Aussi ai-je expliqué à ce patient combien je respectais sa vérité et combien je souhaitais moi-même que tous les êtres croient à des lois universelles, car le monde pourrait ainsi connaître la paix et la beauté. Non, il pouvait en être sûr, je n'allais pas me moquer de lui. Et notre dialogue s'est poursuivi :

— Faites-moi tout de même une faveur, ai-je ajouté.

Je tiens en effet, vous l'imaginez, à ce que mes patients soient soignés le mieux possible. Mais je ne pouvais pas le lui dire de n'importe quelle façon.

— Oui, faites-moi une faveur. Rentrez chez vous, et réfléchissez au meilleur moyen de vous *délivrer* de ce cancer.

Percevez-vous bien la différence dans la formulation ?

— C'est une bonne idée, a-t-il répondu.

Une semaine plus tard, il est revenu me voir. Et je lui ai demandé :

— Avez-vous trouvé un moyen de vous délivrer de ce cancer, un moyen qui *nous* permettrait de vous aider ?

— Pour sûr, a-t-il dit avec un large sourire.

— Alors, faites-moi un dessin !

Sur ce dessin, le corps de l'homme qu'il avait représenté précédemment était rempli de gnomes. Vous savez, ces êtres minuscules... *(elle en dessine un au tableau noir).* Et chacun de ces gnomes emportait — avec la plus grande douceur possible ! — une cellule cancéreuse *(rires et applaudissements).*

## Les gnomes

Cet homme m'avait profondément émue. Je suis aussitôt allée voir son cancérologue en lui expliquant toute l'histoire. Le jour même, il a mis le patient sous chimiothérapie. Et aujourd'hui, celui-ci se porte à merveille.

Percevez-vous l'incroyable beauté de tout cela ? La fantastique ouverture d'esprit que cela entraîne ? L'humilité est la première des choses à acquérir. Nous possédons tous cette connaissance à l'intérieur de nous, et si nous nous montrons humbles et ouverts, si nous respectons et aimons notre prochain comme nous-même, alors nous pourrons vraiment nous entraider.

Et cela ne prend pas de temps. Cinq minutes tout au plus — et sans dépenser le moindre centime. Je n'exagère pas.

*Telle est notre vision de la médecine holistique. Alors que votre connaissance de la maladie est intellectuelle, celle du patient est intuitive. Si nous commençons à travailler ensemble, dans l'assistance et le respect mutuels, nous pourrons aider chacun à recouvrer la santé.*

Telle est aujourd'hui pour moi la signification du « guérir ». Et ce guérir a quelque chose à voir avec la conscience — bien que je ne puisse le formuler aussi justement que je le voudrais. Il a quelque chose à voir avec l'ouverture. Mais vous ne sauriez être ouvert ni accéder à cette compréhension, à cette connaissance, à cet amour universel, tant que vous n'aurez pas chassé l'Hitler qui sommeille en vous. Alors, que dois-je faire, docteur ? *Guérissez-vous vous-même !* Et vous êtes tous des docteurs, ne l'oubliez pas. Vous devez avoir l'humilité de reconnaître la part négative qui est en vous, et ce à chaque instant.

Et si vous pouvez y parvenir, si vous pouvez comprendre ce que j'ai appris à Maidanek... à Maidanek où j'ai connu une femme extraordinaire... Elle avait perdu toute sa famille. Et c'est elle qui m'a dit un jour : « Ne crois-tu pas, Elisabeth, qu'il y a un Hitler en chacun de nous ? »

Oui. Et aussi une Mère Teresa. Mais vous ne pouvez

devenir une Mère Teresa, symboliquement parlant, si vous n'avez pas le courage de voir l'Hitler qui est en vous — et de vous en délivrer.

Ce que j'ai à vous dire est on ne peut plus simple : si vous voulez *guérir* le monde, guérissez-vous d'abord vous-même, débarrassez-vous de cet Hitler qui vit en vous. Alors vous deviendrez un être humain parfaitement sain, ainsi que Dieu vous a créé. Alors vous accéderez à la conscience cosmique, vous vivrez des expériences de sortie hors du corps, vous obtiendrez tout ce dont vous aurez besoin — mais pas tout ce que vous voudrez, Dieu merci *(rires)*.

## Les ateliers

Certains d'entre vous ont posé quelques questions sur nos ateliers. Créés par le centre Shanti Nilaya, ces ateliers ont lieu dans le monde entier, de la Californie à l'Australie. Nous invitons soixante-quinze personnes à passer une semaine avec nous, du lundi midi au vendredi midi. Un tiers d'entre elles sont des malades terminaux ou des parents d'enfants mourants ; un deuxième tiers se compose de médecins, de prêtres, de travailleurs sociaux, de conseillers psychologiques et d'infirmières ; et le dernier tiers est constitué de gens ordinaires. Nous essayons de montrer à tous les participants de ces groupes comment, en cinq jours, ils peuvent prendre conscience de leur travail en souffrance et s'en délivrer. Plus vous êtes jeune lorsque vous participez à de tels ateliers, plus

— cela va de soi — le bénéfice est grand. Car vous pourrez vivre pleinement après.

En règle générale, ce sont les patients en phase terminale qui parlent les premiers ; ils évoquent leur angoisse, leur souffrance et leur chagrin. Et nous les aidons à révéler puis à extérioriser leurs larmes et leur colère refoulées. La dernière nuit, celle du jeudi, nous pratiquons une sorte de rituel, très émouvant. Tous les participants se réunissent devant un grand feu à l'extérieur, avec du pain et du vin. Là, devant l'ensemble du groupe, ils se débarrassent de leur part négative en l'introduisant symboliquement dans une pomme de pin, qu'ils jettent dans les flammes.

Si nous avons le courage de pénétrer notre propre négativité et de la rejeter complètement, nous pouvons devenir des Mère Teresa. Mais nous ne pouvons simplement nous asseoir dessus et croire que nous allons nous en libérer par la méditation. Cela ne marche pas.

Au sein de ces groupes de soixante-quinze personnes, on trouve bien plus d'angoisse et de souffrance qu'on ne peut l'imaginer — dès lors qu'on ne se contente pas de demeurer à la surface des choses mais qu'on explore en profondeur les chagrins étouffés. Et le pire des chagrins, plus terrible encore que n'importe quelle épreuve, c'est celui qu'entraîne le *manque d'amour*. C'est la plus grande des douleurs. En réalité, la plupart d'entre nous n'ont jamais fait l'expérience de l'amour inconditionnel, si ce n'est auprès d'une grand-mère ou d'un grand-père.

Mon dernier atelier comptait dix-sept patients suicidaires. Et ceux-là avaient effectivement l'intention de mettre fin à leurs jours si cet atelier, qui représentait leur dernière chance, ne leur apportait pas une nouvelle vision des choses. Je leur ai tout de même demandé d'attendre le vendredi après-midi *(rires)*. Naturellement, il ne s'agit pas de plaisanter avec un tel sujet, mais chacun d'entre vous doit néanmoins comprendre qu'il est entièrement responsable de sa propre vie. Alors, n'allez donc pas pleurer sur l'épaule d'autrui et gaspiller votre énergie en vous apitoyant sur vous-même. Ce sont vos propres choix qui ont fait de vous ce que vous êtes.

Et nous autres, êtres humains, devrions bénir chaque jour que Dieu fait, car nous sommes les seules créatures vivantes de cette galaxie auxquelles le libre arbitre a été accordé. Après la mort, lorsque la plupart d'entre vous comprendront pour la première fois le sens de notre présence *ici-bas*, vous apprendrez que cette vie n'est que la somme totale des décisions que vous avez prises à chaque instant de votre existence. Vos pensées, desquelles vous êtes responsables, sont aussi réelles que vos actes. Vous commencerez aussi à comprendre que chaque mot et chaque geste influencent votre vie — ainsi que des milliers d'autres.

## Le Christ

Regardez-vous donc un peu lorsque vous vous réveillez le matin. La vue de votre visage renfrogné suffit à donner le cafard à votre femme — qui s'empresse aussitôt, quand elle arrive à son travail, de faire une vie épouvantable à sa secrétaire. Laquelle passe ensuite sa colère sur son mari.

Vos enfants, en allant à l'école, donnent des coups de pied à tous les chiens qu'ils croisent et se battent avec leurs camarades — jusqu'à finir dans le bureau du principal. Bref, la mauvaise humeur d'un seul influe négativement sur tout son environnement.

Vous devez prendre conscience de ces petites choses. Et demain — même si vous vous levez du mauvais pied —, efforcez-vous de chantonner ou de siffloter, du moins tant que vos proches seront encore à la maison *(rires)*. Après vous pourrez décharger votre colère sur tous les objets que vous voudrez.

Puis, le soir venu, demandez à votre épouse et à vos enfants s'ils ont passé une bonne journée — et vous verrez à quel point *vous* pouvez réellement changer votre vie à partir de choses qui semblent insignifiantes. Vous n'avez nul besoin d'aller en Inde ni de prendre du LSD ou de la mescaline pour transformer votre existence. En fait, vous n'avez besoin de rien — si ce n'est d'être pleinement responsable de vos décisions.

Vous devez faire très exactement ce que le Christ a fait après avoir, selon la Bible, « lutté contre Satan », c'est-à-dire combattu l'Hitler qui sommeillait en lui après quarante jours de jeûne. Jésus savait parfaitement qu'il aurait pu régner sur Jérusalem. Mais il savait également que cela n'aurait pas duré. La meilleure décision qu'il pouvait prendre, c'était de ne jamais faire usage de ses pouvoirs. Et d'aller jusqu'à donner sa vie pour aider chacun à comprendre que la mort n'existe pas — qu'elle n'est qu'un passage vers une autre forme d'existence.

Et c'est précisément ce qu'il a fait. Il savait que les

gens ne croyaient en lui que parce qu'il accomplissait des miracles. Il savait la différence entre savoir et croire.

Aussi, après sa mort, il s'est matérialisé pour ses proches et ses disciples durant trois jours et trois nuits. Il a mangé avec eux, il leur a parlé, il a partagé leur quotidien. Et alors ils ont su.

Et ce fut cette connaissance, et non leur croyance, qui leur donna le courage d'accomplir leur destin.

Ceux qui acceptent, sur le plan symbolique, de vivre quarante jours de jeûne — c'est-à-dire de traverser l'enfer, d'être ridiculisé, démoli, critiqué —, ceux-là ne le regretteront pas.

Et ici, je vous donnerai à nouveau un exemple *pratique*.

## Encore Dougy

Il y a deux ans de cela, je suis allée en Virginie rendre visite à Dougy, un garçon de neuf ans atteint du cancer. Avant de le quitter, je lui ai dit : « Je ne peux venir tous les jours en Virginie, mais si tu as des questions à me poser, écris-moi. »

Un jour, donc, j'ai reçu une lettre de Dougy. Elle faisait deux lignes : « Cher docteur Ross, je n'ai qu'une seule question à vous poser. Qu'est-ce que la vie, qu'est-ce que la mort, et pourquoi les petits enfants doivent-ils mourir ? Affectueuses pensées de Dougy. »

Comprenez-vous pourquoi j'aime tant les enfants ? Parce qu'ils ne s'embarrassent pas de fioritures *(rires)*. Naturellement, je lui ai répondu. Mais je ne pouvais pas lui écrire longuement, vous comprenez. Il fallait que j'adopte exactement le même style que lui.

J'ai donc utilisé des feutres de vingt-huit couleurs différentes. Puis, comme le résultat ne me paraissait pas assez convaincant, j'ai commencé à illustrer ma réponse. Jusqu'à en être si satisfaite que j'ai voulu la garder. Et aussitôt, j'ai entendu une petite voix dans ma tête : « Bien sûr, tu as le droit de la garder. Tu as vraiment travaillé sur cette lettre, et il va être bientôt cinq heures, et la poste sera fermée, et tes enfants vont rentrer de l'école, et tu ferais mieux de préparer le dîner... » — bref, toutes les excuses possibles et imaginables. Mais plus la liste des excuses s'allongeait, plus je savais profondément que j'avais tort. Et je me suis dit : « Tu passes ton temps à enseigner qu'il faut faire le meilleur choix. Quel est ton meilleur choix à présent ? Ton meilleur choix, c'est de filer à la poste et d'envoyer cette lettre, parce que tu l'as écrite non pour toi, mais pour cet enfant. » Alors, je suis allée à la poste et j'ai envoyé la lettre.

Dougy en fut très fier et très heureux. Et il a partagé ce bonheur avec bien d'autres enfants mourants. Ce qui en soi était déjà une chose magnifique.

Mais cinq mois plus tard, en mars, sa famille — des gens aux revenus plutôt modestes — m'a appelée de Virginie. Dougy a pris le téléphone et m'a dit : « Docteur Ross, aujourd'hui c'est mon anniversaire. Vous êtes la seule qui ait suffisamment de foi pour croire que je serai encore là l'an prochain. C'est pourquoi je dois vous offrir un cadeau pour mon anniversaire. A vrai dire, je ne savais pas du tout quoi vous donner. Nous n'avons rien. La seule chose à laquelle j'ai pensé... [« la seule chose... », voilà une expression caractéristique du quadrant intuitif/spirituel], c'est de vous rendre votre lettre si merveilleuse *(rires)*. Mais à une seule condition ! [ce n'était donc pas de l'amour inconditionnel !] *(rires)*... Que vous l'imprimiez *(rires)* et que vous la donniez à tous les autres enfants mourants. »

À ce moment-là, les pensées se sont bousculées dans ma tête — toutes dictées par le quadrant intellectuel et le proverbial sens de l'économie des Suisses : ça coûtera trop cher, vingt-huit couleurs par page *(rires)*, on ne peut pas se permettre ça, etc. Mais au lieu de céder à la confusion, j'ai décidé de faire le meilleur choix. Car si vous donnez sans rien attendre, il vous sera rendu mille fois.

C'était il y a quatre ans et demi. Lorsque Dougy mourut, sa *Lettre* avait été lue par dix mille enfants mourants *(applaudissements)*.

Vous devez toujours établir une différence entre votre intellect et votre intuition. Lorsque vous pensez, il s'agit de votre intellect *(rires)*. Lorsque vous faites ce que vous sentez juste, il s'agit de votre intuition. Dépourvue de toute logique, l'intuition surgit de façon fulgurante ; elle semble si dépourvue de sens qu'elle en paraît presque affolante *(rires et applaudissements)*. Si vous suivez votre intuition, du reste, vous risquez de rencontrer quelques problèmes... À Shanti Nilaya, nous citons souvent ce proverbe — auquel je crois plus que tout : « Si vous recouvriez les canyons pour les protéger contre les tempêtes, vous ne verriez jamais la beauté de leurs formations. »

En fait, lorsque vous suivez votre intuition, vous finissez par devenir vous-même un canyon — si du moins vous parvenez à durer suffisamment pour cela. Et c'est là une chose merveilleuse. *(D'une voix paisible et heureuse.)* En vérité, je n'aurais pas aimé vivre dans un autre siècle, car la vie n'a jamais été aussi gratifiante — précisément parce qu'elle est difficile — qu'à notre époque.

# Lui dire oui

## Vendredi saint

Il y a sept ans jour pour jour que je suis venue ici. Et cela a une grande signification pour moi. Sept est en effet un chiffre essentiel sur le plan symbolique. Et Pâques constitue le jour le plus important de notre vie — que nous le sachions ou non.

Oui, il y a sept ans, je me trouvais ici. Et je parlais à un groupe de gens. Je ne savais pas à l'époque que j'avais sept années d'avance sur mon horaire céleste. Heureusement, du reste, que j'ignorais ce qui allait venir par la suite. Car je me serais aussitôt pendue au premier sapin de Noël *(rires)*.

La plupart des gens perçoivent le Vendredi saint comme un jour triste à cause de la crucifixion. Mais sans la crucifixion nous n'aurions pas la résurrection. Et s'ils n'avaient pas connu les tempêtes de l'existence, mes patients ne seraient pas morts dans la paix et dans la dignité, en sachant vraiment ce que nous devons tous savoir au moment de la mort. Aussi, aujourd'hui, je voudrais surtout creuser la signification de ces tempêtes, et vous dire quelques mots sur la façon d'élever les enfants afin qu'ils n'aient peur ni de la vie ni de la mort.

Je ne suis *pas* la « dame de la mort et des mourants ». Et j'espère que dans cinquante ans je serai reconnue comme la « dame de la vie et des vivants » ! Parce que si vous vivez dans la parfaite justesse, vous ne sauriez avoir peur de la mort. *Mourir est le plus grand bonheur qui soit.* Vous ne devriez jamais vous en inquiéter. En revanche, vous devriez vous préoccuper de ce que vous faites aujourd'hui même. Si aujourd'hui, vous effectuez le meilleur choix, non seulement dans vos actes mais dans vos paroles et dans vos pensées, alors vous vivrez un moment extraordinairement bienheureux à l'instant de votre mort.

La seule chose que nous ayons à apprendre, c'est comment élever la nouvelle génération dans un amour inconditionnel et une discipline ferme et constante. Comme le dit la Bible : « Les péchés de vos pères retomberont sur vos enfants et les enfants de vos enfants. » Ce qui signifie simplement que si *vous* avez été battu ou victime de violences sexuelles lorsque vous étiez enfant — vingt pour cent, au minimum, de notre population a dû affronter l'inceste —, vous battrez à votre tour *vos* enfants, à cause de l'angoisse, de la frustration et de la rage impuissante qui demeurent encore aujourd'hui en vous. Et si vous ne parvenez pas à vous délivrer de cette souffrance avant de devenir adulte et d'avoir vos propres enfants, vous la transmettrez à la génération future. Aussi, je crois qu'il est du devoir de notre génération de pratiquer ce qui nous a été enseigné il y a deux mille ans : « Aime ton prochain comme toi-même. »

Mais nous ne pouvons aimer les autres si nous ne nous

aimons pas nous-mêmes. Et nous ne pouvons croire les autres si nous ne nous croyons pas nous-mêmes. Aussi, quand je parle d'éduquer la prochaine génération, je veux dire par là que nous devons commencer par nous-même — et alors les choses s'éclaireront toujours plus.

Dieu a créé l'homme avec cinq émotions naturelles. Apprenez à les respecter et ne les transformez pas en émotions « contre nature ». Car c'est dans celles-ci que s'enracinent vos blocages futurs.

La colère est un don divin qui, sous sa forme naturelle, ne dure pas plus de quinze secondes — soit le temps suffisant pour dire « non merci ».

Si l'on ne permet pas aux enfants d'exprimer leur amour-propre, leur insolence et leur colère naturelle, ils deviendront des Hitlers, grands ou petits, nourris de rage, de haine et de vengeance. Le monde en est plein.

Le chagrin est une émotion naturelle qui nous permet de surmonter toutes les épreuves de la vie. Combien d'entre vous avaient-ils la permission de pleurer lorsqu'ils étaient petits ? Si, par exemple, vous avez une mère suisse, obsédée par la propreté, qui s'acharne à vous faire honte chaque fois que vous mouillez votre drap, vous pouvez beaucoup en souffrir. Et si, lorsque vous commencez à sangloter, on vous dit : « Si tu n'arrêtes pas, je vais te faire passer l'envie de pleurer, et plus vite que tu ne le penses », vous préférez vous tenir tranquille plutôt que de prendre une fessée. Mais ensuite, lorsque vous grandissez, vous ne cessez de vous apitoyer sur vous-même. En fait, vous marinez littéralement dans l'auto-apitoiement. Vous êtes littéralement incapable d'aider qui que ce soit. Car vous avez honte, car vous vous sentez coupable.

Lorsque vous allez voir des films comme *E.T.*, observez le public — et vous comprendrez ce que sont la honte et la culpabilité. Lorsque la lumière se fait, nombre de spectateurs essuient leurs lunettes en disant qu'elles sont embuées. En fait, ils ont honte d'admettre qu'ils ont pleuré. C'est l'exemple même du travail en souffrance : *vous craignez toujours qu'on ne vous permette pas d'exprimer votre chagrin.*

L'amour est inconditionnel. Il n'attend ni n'exige rien. Il est, tout simplement.

Sous sa forme la plus simple, l'amour consiste, par exemple, à étreindre et à embrasser votre bébé, qui comprend ainsi que vous prenez soin de lui. Mais il consiste également à dire « non ». Et c'est une chose très difficile pour bien des gens. Si une mère affirme à son garçon : « Je ne vais plus lacer tes souliers. Je suis absolument certaine que tu peux y arriver tout seul », celui-ci peut certes avoir un accès de colère ou tenter de l'amadouer par tous les moyens. Mais elle doit cependant *s'accrocher* et lui faire comprendre son point de vue : « Je suis persuadée que tu peux le faire tout seul. Je suis même sûre que tu peux le faire mieux que je ne le faisais à ton âge. » Alors il cédera et s'appliquera de son mieux. Et il sera *incroyablement* fier lorsqu'il aura appris à lacer lui-même ses souliers.

Une telle approche développe la confiance en soi — la bienveillance envers soi-même. Il est important que vous le compreniez. Lorsque vous avez un travail en souffrance, quel qu'il soit, terminez-le. Si vous ne le faites pas, non seulement il ne cessera de vous parasiter votre vie durant, mais il grandira comme un ver solitaire jusqu'à vous faire suffoquer de l'intérieur.

Vous devez vivre pleinement. Ainsi, lorsque vous perdrez quelqu'un de cher, vous serez certes en *deuil*, mais vous n'aurez pas de *travail* de deuil.

Le *travail* de deuil est un *travail en souffrance*. Il se nourrit de la peur, de la honte, de la culpabilité et de toutes les émotions « contre nature ». Ce qui, bien sûr, dévore votre énergie et nuit à votre santé — à l'intégrité de vos facultés.

## Suicide et libre arbitre

Vous, et vous seul, êtes responsable de vos choix. En effectuant ces choix, vous en acceptez aussi la responsabilité. Imaginons que quelqu'un veuille se supprimer. Lorsqu'il prend cette décision, il doit également en accepter les conséquences. Cela signifie qu'il va provoquer chez ses proches un incroyable sentiment de culpabilité : « Pourquoi est-ce arrivé ? », « Qu'est-ce que j'ai fait de mal ? », « Pourquoi ne l'ai-je pas prévu ? » — bref, tout ce qui transforme ce genre de situation en cauchemar. Et *il* sera responsable de ce cauchemar. Cela constituera son... fardeau, qu'il devra emporter avec lui de l'autre côté.

Aussi, chaque fois que vous faites un choix, soyez sûr d'avoir le droit de le faire librement. Nous sommes les seules créatures de l'univers, du moins tel que nous le connaissons, auxquelles a été accordé le libre arbitre. Et il s'agit sans doute du plus merveilleux présent qui ait été offert aux êtres humains. Ce qui ne va pas toutefois sans une énorme responsabilité.

A mon sens, soixante-dix pour cent des suicides chez les jeunes sont directement imputables aux médecins. Excusez-moi, mais je ne vois pas comment le formuler autrement. Avons-nous des psychiatres dans ce groupe ? Oui !

Nous devons absolument repérer les premiers symptômes des psychoses maniaco-dépressives. Car nous ne diagnostiquons pas avec suffisamment de rigueur dans ce domaine. Quand une adolescente se montre très déprimée — parce qu'elle a perdu son petit ami ou parce qu'elle s'est disputée avec son père ou sa mère —, nous considérons cela comme normal. La plupart du temps, nous ne détectons pas chez elle les premiers signes du mal. Alors que nous devrions immédiatement lui prescrire du Lithium. C'est en effet le seul médicament efficace dans ce cas, car il peut « calmer » la dépression. Certes, les malades seront *toujours* aussi déprimés, mais ils ne dépasseront pas certaines limites. Et s'ils se mettent à délirer, ils ne le feront pas avec la même violence — jusqu'à perdre tout contrôle d'eux-mêmes comme cela se produit parfois.

Nous devons vraiment éduquer la population dans ce domaine. Et nous devons également prescrire des médicaments efficaces à nos patients. Cela dit, je ne fais pas partie de ces psychiatres qui abrutissent les gens avec des tonnes de tranquillisants. Le Lithium est en effet l'un des seuls médicaments que j'utilise.

203

Imaginons qu'une jeune fille se suicide à cause de son petit ami. Elle veut se supprimer parce qu'elle est furieuse : « Comment as-tu osé me faire cela — à moi ? Je vais te rendre si coupable que tu le regretteras pour le restant de tes jours. » Le suicide de cette jeune fille est un acte de vengeance, destiné à culpabiliser quelqu'un. Et elle le paie de sa vie — elle est si furieuse qu'elle ferait n'importe quoi pour que son petit ami souffre, autant qu'elle a souffert, elle. Si cette jeune fille est une maniaco-dépressive dont l'état n'a pas été diagnostiqué, vous ne pourrez l'empêcher de mettre fin à ses jours. Quoi que vous fassiez ou disiez, vous ne pourrez la sortir de là.

## Le suicide comme résultat
## d'une dépression endogène

Combien parmi vous ont-ils déjà éprouvé les affres d'une vraie dépression, d'un profond désespoir ? Eh bien, si vous multipliez par dix la souffrance que vous avez endurée, vous aurez une idée de ce qu'éprouve un maniaco-dépressif. Rien n'a plus de sens, rien ! C'est... c'est même pire que rien. C'est un vide total. Il n'existe plus aucun moyen de retrouver la lumière du soleil. Aux yeux d'un maniaco-dépressif, la vie est devenue si insupportable que le suicide apparaît comme la seule solution.

Naturellement, à l'instant où nous passons notre vie en revue après la mort, un tel suicide équivaut à une mort causée par le cancer. Cette forme de dépression constitue en effet une maladie dont vous ne pouvez être tenu pour responsable.

Vous ne pouvez « obtenir vos diplômes » tant que vous n'avez pas appris toutes les leçons que vous devez apprendre dans cette existence — et tant que vous n'y avez pas enseigné tout ce que vous devez y enseigner. La vie n'est rien d'autre qu'une école, oui, une école où l'on vous met à l'épreuve et où vous devez passer des examens. Si vous réussissez votre premier examen, vous avez droit à un double hamburger. Et si vous réussissez le suivant, qui est naturellement plus difficile, vous recevez un triple hamburger. Et les difficultés ne font qu'empirer ! Oui, cela devient toujours plus difficile — et *en même temps* plus facile. Comprenez-vous ce que j'essaie de vous dire ? C'est un peu comme si vous donniez à un élève du primaire un problème de mathématiques destiné à un lycéen ; il ne saurait en trouver la solution. Alors que le lycéen, déjà préparé à ce genre d'exercices, aurait de bonnes chances de le résoudre.

Vous pensez être parvenu au sommet de la montagne, être enfin tranquille, et vous recevez un énorme coup de bambou sur la tête *(rires)*. Et si vous survivez à ce premier coup, on vous en assène un autre, encore plus puissant. Combien d'entre vous sont déjà passés par le stade du premier coup ? *(Réponse dans le public : « Je crois en avoir fait l'expérience. »)* Et cette expérience a-t-elle été difficile ? *(« Oui ! »)* Eh bien, le meilleur est encore à venir *(rires)* !

C'est cela même, la vie. Et cette vie n'a d'autre finalité

que l'évolution spirituelle : grandir, toujours grandir, aller vers la perfection. C'est comme si l'on vous mettait dans une machine à tambour. Et une fois que vous tournez dans le tambour de l'existence, il ne tient qu'à vous — *et à personne d'autre* — d'en sortir fracassé ou poli.

## La différence entre le secours et l'aide

Secourir quelqu'un, ce n'est pas l'aider. Je suis sûre que vous le comprenez tous. Parce que lorsque vous secourez quelqu'un, vous le mettez en position de faiblesse — tout en vous plaçant vous-même en position de force. Vous le secourez, certes, mais vous ne l'aidez en aucune manière.

Nous sommes tous les gardiens de nos frères et de nos sœurs. Nous avons la responsabilité d'aider quiconque se trouve dans le besoin. Mais nous devons comprendre la différence entre *secourir* quelqu'un — c'est-à-dire essayer de réparer les pots cassés — et l'*aider* — se montrer disponible lorsque cette personne a appris à être suffisamment humble pour demander de l'aide. Et la frontière est étroite entre celui qui secourt et celui qui aide réellement.

*(Un auditeur demande à Elisabeth ce qu'il convient de faire lorsqu'une personne gravement malade affirme qu'elle ne veut plus vivre.)* Quelqu'un vous a-t-il déjà parlé des lois universelles ? Vous avez besoin, semble-t-il, de les

connaître. « Tu ne tueras point » est une loi universelle, valable pour toute l'humanité — quelle que soit votre religion. Si quelqu'un vous demande de le tuer, quelle qu'en soit la raison, vous devez d'abord découvrir pourquoi il ne veut plus vivre. Combien d'entre vous se préoccupent-ils vraiment de ces patients qui ne veulent plus vivre — attachés à une chaise, incontinents, murés dans l'hébétude, et que personne n'embrasse ou ne touche ?

Combien parmi vous voudraient-ils vivre ainsi ? Personne, naturellement. Si vous saviez... si vous pouviez vraiment vous identifier à l'un de ces malades jusqu'à vous demander : « Que puis-je faire pour transformer sa situation afin qu'il vive réellement jusqu'à sa mort ? », alors vous chercheriez réellement à lui rendre service.

Est-ce que certains d'entre vous ont vu le film de Katie sur les vieillards paralysés qui dansent dans leurs fauteuils roulants ? Personne ?

Il s'agit d'une vidéo que nous avons tournée afin de montrer les différentes façons d'aider les personnes âgées. Nous avons choisi, pour ce faire, un groupe d'hommes et de femmes entre quatre-vingts et cent quatre ans, tous paralysés. Pas des vieux encore verts, donc, mais des vieux désemparés et impuissants — et auxquels il faut redonner le goût de vivre.

Ce jour-là, une danseuse est venue leur montrer quelques mouvements. Elle a fait mettre tous les fauteuils roulants en cercle. Et notre vidéaste a commencé à filmer. Mais elle ne s'est pas contentée de montrer des visages souriants — vous savez, ce genre d'images où les gens essaient d'avoir l'air heureux. Non, elle a filmé leurs pieds, leurs pieds morts et comme suspendus dans le vide. Et tandis que cette danseuse virevoltait sur des musiques de Tchaïkovski et de Mozart, ces pieds ont commencé à bouger *(réactions d'étonnement dans le public)*. Et je n'exagère pas. L'un des vieux s'est mis à se trémousser sur son fauteuil, tout en se rapprochant de sa voisine *(rires)* pour essayer de la toucher.

Il l'a même demandée en mariage un peu plus tard *(rires)*. Et elle a accepté, mais à condition qu'il lui offre une nouvelle robe *(rires)*! C'était une vieille plutôt fine mouche, ma foi!

Oui, vous devriez voir ce film. Et vous devriez voir cette maison de retraite. *(Question dans le public : « Quel est le nom de cette maison de retraite ? »)* Je perds la mémoire depuis que j'ai eu mon attaque. Mais le nom de la vidéo figure dans notre bulletin d'informations. Quelque chose comme « la Danse des vieilles dames ». Car je vous assure que tous ces vieux dansaient d'une façon invraisemblable. Et cela grâce à une seule personne. Une personne qui leur avait fait entendre une musique merveilleuse et qui avait apporté une étincelle de vie dans leur quotidien.

### Ma mère

Ma mère a toujours souffert d'un terrible blocage : si elle savait donner — et ce jusqu'à sa chemise —, elle était incapable de recevoir. Elle a travaillé dur toute sa vie, élevant des triplées et un garçon de six ans. Je ne sais pas si vous imaginez ce que c'était que d'élever des triplées il y a plus d'un demi-siècle. Pas de machine à laver, pas de Pampers, pas d'eau chaude. Elle a dû nous allaiter pendant neuf mois, toutes les trois heures, jour et nuit — et ce n'était pas une chose facile. Oui, ma mère n'a cessé d'aimer et de donner.

Mais elle ne pouvait rien prendre en retour. Rien. C'en était pathologique !

Si jamais une voisine lui apportait un gâteau le samedi — afin qu'elle se repose un peu et qu'elle n'ait rien à préparer pour le dessert —, le week-end suivant, elle se croyait obligée de faire cuire une tarte pour lui rendre la pareille.

Connaissez-vous des gens semblables ? Alors, racontez-leur mon histoire, je vous en prie, afin qu'ils ne finissent pas de la même façon. Et je ferais bien, moi aussi, d'en prendre de la graine.

En fait, ma mère avait une peur terrible : se retrouver un jour sur un lit d'hôpital à l'état de légume — car alors elle serait *condamnée* à recevoir. Et, selon elle, rien de pire ne pourrait lui arriver.

Un jour, nous avons reçu un appel. Maman avait été trouvée dans sa salle de bains, victime d'une attaque. Elle était paralysée, incapable de parler ou de bouger.

Nous avons foncé à l'hôpital. Elle pouvait tout juste remuer légèrement la main gauche. Et parce qu'elle essayait de s'en servir pour enlever le tube qu'elle avait dans le nez — tube dont elle avait naturellement besoin —, les médecins ont fini par la lui attacher. Elle ne pouvait donc plus remuer un seul centimètre de son corps. C'est alors que je lui ai fait cette promesse : « Je t'aiderai à vivre jusqu'à ta mort. »

Mais je n'ai pas pu l'aider à mourir. Déjà, quelque

temps *avant* son attaque, elle m'avait suppliée de lui donner ce qu'il fallait si jamais elle se retrouvait complètement paralysée. Et je lui avais répondu : « Je ne peux pas faire cela. Je ne peux faire cela à une mère qui m'a gardée en vie en m'allaitant toutes les trois heures, jour et nuit, en se sacrifiant. Et moi je devrais... Non, vraiment, je ne peux pas. » Alors, elle s'était mise en colère.

En fait, j'avais commis une faute en lui disant cela. Je savais bien qu'elle ne pouvait comprendre mon point de vue. « Tu es le seul médecin de la famille, m'avait-elle dit. Ça ne devrait pas être une chose difficile pour toi. »

Je n'avais pas cédé, Dieu merci, et pourtant je suis plutôt une tendre.

Trois jours après cette discussion, j'étais de retour aux Etats-Unis, où j'appris qu'elle avait eu son attaque.

Dans son lit d'hôpital, elle se servait de la barre de sécurité en aluminium comme d'un tuyau de caoutchouc [1]. Elle faisait un tel bruit de ferraille avec cette barre qu'on l'entendait même en dehors du bâtiment. C'était, naturellement, une façon d'exprimer sa rage. Devenue muette, elle n'avait en effet pas d'autre moyen de communication. Je ne pouvais supporter ce bruit, mais je comprenais sa colère. La colère d'une femme totalement impuissante, qui devait laisser les infirmières la laver et la nourrir.

Alors je lui ai proposé de l'emmener dans un centre

---

1. Dans les ateliers d'Elisabeth Kübler-Ross, les participants sont invités à frapper sur un matelas à l'aide d'un tuyau en caoutchouc afin d'apprendre à extérioriser leur souffrance, leur rage et leur impuissance.

où l'on accueille les mourants. Ce genre de centre n'existait pas vraiment à l'époque. Mais j'imaginais un endroit... où les infirmières prendraient soin de leurs patients et les aimeraient, tout simplement. Sans machines, sans respirateurs, sans rien de tout cela. Et elle a accepté, ravie. C'était un message on ne peut plus clair.

En Suisse, il est extrêmement difficile de trouver des endroits de ce type — pour lesquels il y a d'ailleurs des listes d'attente de deux ou trois ans. Pour une fois, j'étais heureuse d'avoir deux sœurs. Nous pouvions en effet unir nos forces toutes les trois pour découvrir le lieu idéal. L'une de mes sœurs est *très* séduisante, et l'autre a fait carrière dans la politique. Quant à moi, j'arrivais d'Amérique, ce qui voulait dire que j'avais de l'argent *(rires)*. C'était à l'époque où le dollar valait encore quelque chose.

J'étais donc censée payer tous les frais, tandis que ma première sœur essaierait de séduire un médecin *(rires)* et que la seconde userait de ses relations douteuses *(rires)*. À votre avis, par quelle méthode avons-nous trouvé un lit en moins de quarante-huit heures ? *(« Le dollar ? », dit quelqu'un dans le public.)*

Pas en *Suisse*, Dieu merci *(rires)*. La séduction *(manifestations d'étonnement)* ! En quarante-huit heures, ma première sœur avait effectivement obtenu un lit ! Mais jamais nous ne lui avons demandé quels moyens elle avait employés *(rires)*.

Elle avait déniché un lit à Bâle — une personne qui venait juste de mourir. Alors que ma mère se trouvait à Zurich, soit à quelques dizaines de kilomètres.

Ce voyage avec ma mère, de Zurich à Bâle, fut le plus

merveilleux que j'aie jamais fait en compagnie d'un malade. Avant que nous partions, j'ai dû vider sa maison. Imaginez-vous ce que cela fait, de donner tout ce qui appartient à votre mère ? *(D'une voix entrecoupée.)* Car elle était encore vivante, mais elle ne pourrait plus jamais revenir... Photos, livres, vêtements, absolument tout. C'était aussi *ma* dernière maison, vous savez — ce qui voulait dire que j'abandonnais également ma dernière chance de revenir chez moi, où que ce fût.

J'ai dressé une liste de toutes les choses auxquelles elle était attachée, comme... un jour, par exemple, nous lui avions acheté une toque de vison, et le Noël suivant, le col qui allait avec. Nous avions économisé pour les lui offrir. Et ma mère, qui était une femme fort modeste, paradait littéralement avec sa toque.

Après avoir dressé cette liste, j'ai loué une ambulance pour nous emmener. Et j'ai également acheté une bouteille de « lait de poule » — un lait de poule épicé que nous appelons « Ei-cognac », avec plus de cognac que d'œufs *(rires)*. C'est une délicieuse boisson hollandaise, mais je ne crois pas qu'on la trouve ici. Au début, on ne sait pas qu'il s'agit d'une boisson alcoolique, mais on le *sent* vite *(rires)*. A vrai dire, personne n'avait jamais bu d'alcool dans la famille — mais à ce moment-là, j'avais vraiment besoin de cette bouteille de cognac aux œufs.

Nous sommes donc allées toutes les deux à Bâle en ambulance. J'avais emporté avec moi cette liste d'objets divers auxquels il fallait impérativement trouver de nouveaux propriétaires. Lorsque je désignais la bonne personne, ma mère se contentait d'opiner en faisant « hrrr ».

Pour chacun des éléments de la liste, j'examinais tous

les candidats possibles — la femme du facteur, celle du laitier, etc. Et chaque fois que nous tombions d'accord, nous... nous avalions une petite lampée de cognac *(rires)*. Quand nous sommes arrivées à Bâle, la bouteille était vide, mais... la liste était remplie. C'est ainsi que j'ai réglé ma dernière affaire avec Maman. Et ce fut sans doute le voyage le plus merveilleux que j'aie jamais fait avec un patient.

L'hôpital donnait l'impression d'avoir été construit il y a deux siècles. Et sur les lits, les barres de sécurité étaient en bois dur — c'est-à-dire qu'on ne pouvait pas les faire bouger !

Ainsi, dans cet hôpital de Bâle, nous lui avions supprimé son « hochet ». C'était son jouet, vous savez, la seule façon qu'elle avait d'exprimer sa rage et son impuissance. Et *moi*, j'ai cru bon de dire aux infirmières : « Eh bien, cela ne va sans doute durer que quelques jours. D'ici là, elle parviendra bien à s'en passer. »

Elle a *vécu* ainsi durant quatre ans. Quatre ans ! Sans aucun bruit, sans aucun moyen de s'exprimer. Elle me regardait fixement, et moi je me sentais coupable. Et elle savait s'y prendre pour me rendre coupable — rien qu'en me dévisageant.

J'étais en colère contre Dieu. Vous ne pouvez savoir à quel point. Je L'aurais découpé en petits morceaux si j'en avais eu la possibilité. J'ai essayé de Lui parler — en allemand, en français, en italien, en anglais, en n'importe quelle langue. Il est resté inébranlable. Il ne m'a donné aucune réponse. *Rien*.

Et je L'ai insulté, injurié, accablé d'obscénités. Mais Il

213

n'a pas réagi le moins du monde. Ce qui m'a rendue encore plus furieuse.

Vous savez, vous pouvez L'appeler par tous les noms — mais Il reste simplement assis là à vous aimer. *(Elle grommelle, mimant la colère. Rires dans le public.)* Imaginez que vous soyez au comble de la rage et que quelqu'un vous susurre « mon chou » à l'oreille *(rires)*. Vous pourriez Le tuer. Mais Il est déjà *mort*. Vous ne pouvez même pas Le tuer. Et je suis passée ainsi par tous les stades — la rage, le marchandage, la dépression et la culpabilité.

Et cette rage a persisté non seulement pendant les quatre ans durant lesquels elle a continué d'*exister* dans ce corps, mais des semaines et des mois après sa mort. J'ai essayé alors de changer mon opinion sur Dieu. J'avais vraiment besoin d'affronter directement cette question. Et j'ai pensé : « Dieu ne peut être un criminel. Mais comment un Dieu compatissant, compréhensif et aimant peut-il laisser souffrir une femme qui a passé les soixante-dix-neuf ans de sa vie à aimer, à donner et à partager ? » Non, ce ne pouvait être Dieu. C'était quelque chose d'autre que Dieu, et je ne voulais rien avoir à faire avec ce quelque chose — telle était mon opinion.

Oui, quelques mois après sa mort — inutile de dire à quel point nous fûmes soulagés lorsqu'elle mourut — j'ai décidé de... — je ne sais comment le formuler — de réviser mon opinion sur Dieu. Et au moment où j'ai saisi le sens de tout cela, j'ai comme bondi hors de moi-même. Alors je Lui ai dit ceci : « Merci, merci, merci, Tu es l'homme le plus généreux qui ait jamais existé. » Et je ne supporte pas les avares (*rires*). Qualifier Dieu d'homme généreux était donc le plus grand compliment que je puisse lui faire (*rires*). Et ce Dieu-là devait être un homme, et non une femme — parce c'était aux hommes avares que j'en voulais. Voilà pourquoi je me suis *finalement* écriée : « Tu es l'homme le plus généreux qui ait jamais existé. »

Ce jour-là, j'avais compris en un éclair que nous recevons les leçons que nous devons recevoir — d'une façon ou d'une autre. Mieux, *nous* sommes entièrement responsables de la nature de ces leçons — et, puisque je *savais* au moins cela, je n'aurais pas dû tant souffrir de celle que j'avais reçue.

Alors j'ai pu saisir — enfin — ce qu'Il avait fait pour elle. Pour voir correctement, en effet, il faut se tenir à la bonne distance. Lorsque vous êtes trop impliqué, trop concerné, vous perdez *toute* objectivité — et vous ne pouvez plus rien voir. Mais si vous prenez du recul, si vous allez à Tombouctou ou dans le désert d'Arizona pour méditer... Une certaine distance est nécessaire pour voir clairement.

Ainsi, quand j'ai pu me détacher de la vision de cette mère souffrante, de cette mère dont le moindre regard me culpabilisait à n'en plus finir, j'ai compris la générosité de Dieu. Oui, il s'était montré généreux parce qu'Il lui avait permis de donner et de donner pendant soixante-dix-neuf ans — et elle n'avait dû apprendre à recevoir que pendant quatre ans...

C'est cela, la vraie générosité.

Aujourd'hui, quand je vois quelqu'un obligé d'affronter la dure réalité, quelqu'un qui doit passer par les pires épreuves, je sais sans aucun doute qu'il s'agit de *Son* œuvre. Mais on ne nous l'a pas appris. Et pourtant, nous l'avons su, à un moment ou à un autre. Et à ce moment-là, nous avons vraiment compris que nous étions responsable de tout ce que nous refusions d'entendre. C'est ce que j'ai voulu vous dire tout à l'heure, quand j'ai parlé du coup de bambou sur la tête. Si vous ne comprenez pas la signification de ce premier coup, vous en recevrez un autre encore plus puissant, capable de vous fracasser le crâne.

Pendant une année entière, mes étudiants avaient insisté pour que je me détende. Selon eux, je devais absolument pratiquer le R & R. Je n'avais pas la moindre idée de ce que c'était. Cette expression ne figurait pas, en effet, dans mon vocabulaire. Et chaque fois que j'en demandais le sens, on me répondait que R & R signifiait « Repos et Relaxation ». Mais deux minutes plus tard, je l'avais déjà oublié, et je continuais de m'agiter dans tous les sens.

Jusqu'à ce qu'on me dise un jour : « Vous devez vraiment vous reposer à présent. Vous ne pouvez pas tout faire. Prenez un peu l'air. Il faut que vous appreniez à vous relaxer. Vous ne pouvez continuer comme ça, dix-sept-heures par jour, sept jours par semaine. » Cette fois, j'avais compris. Et j'étais bien décidée à faire un break — du moins, dès que j'en trouverais le temps...

Mais, en août 1988, j'ai eu ma congestion cérébrale. Je me suis retrouvée paralysée, incapable de parler.

Au début du mois de décembre de la même année,

on m'expliqua que si je ne me reposais pas *sur-le-champ*, j'aurais une autre « petite attaque ».

Si vous n'apprenez pas lors de la première leçon, on vous en donne simplement une autre — et une bien plus dure. C'est pourquoi je participe aujourd'hui à un atelier de repos et de relaxation, où j'apprends tout simplement à m'asseoir dans le calme.

A présent — pour répondre à une question qui m'a été posée —, *si* j'avais donné à ma mère une surdose, elle aurait *dû* revenir sur Terre, repartir de zéro et apprendre à recevoir. Peut-être même aurait-elle dû naître paralysée, ou souffrant d'un spina bifida, ou incontinente, afin que quelqu'un la lave, la nourrisse et fasse *tout* pour elle. Alors elle aurait été *obligée* d'apprendre à recevoir.

Ainsi, en lui disant « non », car je l'aimais vraiment — et je l'aime toujours —, je lui ai épargné une vie entière de souffrances. Comprenez-vous ce que je veux dire par là ?

Vous ne pouvez pas *secourir* les gens, car si vous agissez ainsi, ils devront de toute façon apprendre la leçon que vous leur avez épargnée. C'est comme si vous passiez un examen à leur place. Mais cet examen, ils doivent le passer eux-mêmes. L'amour, le véritable amour est la seule réponse. Mes différents maîtres m'ont donné la meilleure définition de ce qu'est réellement l'amour : aimer vraiment les autres, c'est leur permettre d'apprendre leurs propres leçons sans les secourir. Aimer, c'est savoir quand il convient d'ajouter des roues équilibrantes à la bicyclette d'un enfant et quand il convient de les enlever. C'est cela, l'amour. Oter ces roues se révèle parfois bien plus difficile que de les mettre — et pourtant, un jour ou l'autre, vous *devrez* les enlever.

Aussi, lorsque quelqu'un veut être secouru — dans ce sens-là —, dites-lui avec la plus grande douceur qu'il doit nécessairement tirer une leçon de *sa* souffrance pour avancer. Si vous lui facilitez les choses, si vous truquez le jeu, alors vous le privez d'un formidable saut quantique dans sa progression spirituelle. Et il vous haïra — Dieu seul sait combien de temps — pour avoir gaspillé sa dernière chance d'apprendre la leçon qui lui était nécessaire.

Comprenez-vous bien tout cela ? Comme je vous l'ai dit auparavant, la frontière est étroite entre celui qui secourt et celui qui aide réellement — j'entends par là un être humain digne de ce nom. Il est très important que vous le compreniez vraiment.

*(Une auditrice prend la parole. Elle pense qu'Elisabeth se contredit lorsqu'elle affirme qu'il faut se garder de secourir une personne qui se trouve dans une situation difficile.)*

Si j'ai affaire à quelqu'un qui souffre terriblement à cause de son cancer, je lui donne un antalgique puissant. Si je diagnostique des symptômes de psychose maniaco-dépressive chez un malade, je le mets naturellement sous Lithium. Voilà ce que vous devez faire en tant que soignant. Mais il y a une limite aux demandes que vous pouvez satisfaire. Le véritable amour consiste aussi à dire : « Non. Je ne peux rien faire de plus pour vous. Le reste, c'est à vous de l'accomplir. »

Je sais, c'est une chose difficile, délicate. Parfois, je ne sais même pas s'il est décent de prolonger la vie de certains patients. Peut-être ne recouvreront-ils jamais leurs fonctions vitales. Moi aussi, en tant que médecin, j'utilise tous ces respirateurs artificiels. Je sais pourtant une chose : s'il s'agissait de moi, je n'insisterais pas. Mais ici, en Amérique, la loi est sévère. Vous êtes quasiment obligé d'agir ainsi.

Si, en outre, vous devez affronter un membre de la famille qui ne cesse de vous maudire parce que vous n'avez pas essayé ceci ou cela, vous devrez décider s'il convient de satisfaire les besoins réels du malade ou ceux d'un parent qui a laissé tant de choses en suspens avec ce patient qu'*il* ne peut le laisser partir. Ce n'est jamais tout noir ou tout blanc. Ce n'est jamais facile.

Pour ce qui est de l'euthanasie active — et c'est là une opinion inébranlable —, je suis contre à cent cinquante pour cent. Parce que vous ne savez pas pourquoi les malades doivent passer par une telle épreuve. Et si vous tentez de les secourir ainsi, vous serez maudit. Comprenez-vous ce que je dis ? C'est là une chose capitale.

*(Question dans le public : « Pouvez-vous nous expliquer comment le fait d'achever notre travail en souffrance nous aide à progresser sur le plan spirituel ? »)*

A mes yeux, il n'y a pas d'autre voie. De combien de temps disposez-vous *(rires)* ? Si vous le voulez bien, je vais vous raconter brièvement comment je me suis délivrée de l'Hitler que j'avais en moi.

## Mon père

Vous devez être complètement sincère. C'est la seule condition requise — mais elle est absolue. Vous ne pouvez pas vous conduire comme un imposteur. Non seulement avec les autres, mais avec vous-même. Lorsque vous devenez négatif, violent, haineux, vous devez comprendre que tout cela vient de *vous* — et non d'autrui.

Si je dirige des ateliers dans le monde entier, c'est pour cette seule raison : aider les gens à dépasser leurs blocages. Il y a quelques années, on m'a demandé d'aller à Hawaï. En règle générale, nous aimons nous installer dans de vieux couvents, parce qu'ils offrent un grand espace, un environnement protégé et une bonne nourriture — et cela à un prix raisonnable. Bref, tout ce dont nous avons besoin. Et bien sûr, lorsque vous criez à tue-tête, la police ne déboule pas sur les lieux.

Mais à Hawaï, nous n'arrivions pas à trouver le bon endroit. Nous allions même abandonner notre projet lorsqu'une femme m'a téléphoné pour me dire : « Docteur Ross, nous avons trouvé le lieu idéal. Mais il ne sera disponible qu'au mois d'avril de l'année prochaine. » Comme j'établis toujours mon planning deux années à l'avance, cela ne m'a pas préoccupée outre mesure. Qui plus est, je suis passée par tant d'expériences incroyables... Et je sais que je suis toujours là où il faut quand il le faut. Alors pourquoi s'arrêter à de vulgaires détails ? Non *(rires.)* ?

Je n'ai donc pas prêté attention aux détails. Ce qui allait me valoir quelques petits problèmes. J'ai donné mon accord, envoyé un chèque de mille dollars et oublié aussitôt toute l'affaire.

Dix-huit mois plus tard, j'ai reçu une lettre décrivant plus précisément les conditions dans lesquelles devait se dérouler l'atelier — et je suis entrée aussitôt dans une violente colère. J'étais dans un état que vous ne pouvez même pas imaginer. Une colère qui a sans doute duré plus de quinze secondes — une quinzaine de jours, en fait *(rires)*.

Je crois, pour tout dire, que je n'avais pas connu un tel accès de colère depuis l'âge de deux ans. Lorsque votre quadrant émotionnel réagit de façon excessive, votre quadrant intellectuel vient immédiatement à votre secours. Car vous ne parvenez jamais à admettre que vous êtes le seul responsable. Aussi mon intellect a-t-il immédiatement réagi ainsi : « Les abrutis ! Ils m'ont donné la semaine de Pâques ! La semaine de Pâques pour un atelier, c'est impossible ! » Et je *les* blâmais pour m'avoir volé ma semaine de Pâques : « Je dois m'occuper de mes enfants. Je voyage beaucoup trop, et je ne les vois pas assez. La prochaine fois, *ils* me prendront non seulement Pâques, mais aussi Noël, pendant qu'ils y sont ! Je ne suis plus une mère digne de ce nom, je ne vois jamais mes gosses, et tout ça à cause d'*eux* ! »

Puis, j'ai pensé : « Après tout, c'est ridicule. Je peux aussi bien décorer mes œufs de Pâques la semaine d'avant, ou celle d'après. Ce n'est pas si terrible que ça. »

Mais j'adoptai aussitôt un autre système de défense : « Non, cette semaine de Pâques va être épouvantable, parce qu'il n'y aura aucun catholique pour participer à l'atelier. Aucun juif non plus, d'ailleurs, puisque c'est aussi leur Pâque. Et avoir un atelier entièrement constitué de protestants, très peu pour moi ! » *(Rires et applaudissements.)* Et je dis cela avec le plus grand sérieux. En effet, ce qu'il y a de merveilleux avec mes ateliers, c'est qu'on y retrouve toutes les races, toutes les croyances, tous les âges — des enfants de onze ans aux vieilles dames de cent quatre ans.

Si vous travaillez avec un seul groupe, vous ne pouvez apprendre que nous sommes tous semblables — que nous venons de la même source et que nous retournerons à la même source.

Vous ne pouvez imaginer toutes les justifications que j'ai inventées. Après tout, je suis une psychiatre... Et je sais trouver les *meilleures* excuses à mes accès de colère !

Mais rien n'a marché ! Rien !

Je me suis donc envolée pour Hawaï — plus revêche que jamais, et profitant du moindre prétexte pour invectiver mes voisins dans l'avion ! Une véritable plaie, vous dis-je !

Lorsque j'ai vu le lieu — il s'agissait d'un pensionnat de jeunes filles — et la chambre qu'on m'avait attribuée, j'ai piqué une nouvelle colère. J'aurais presque tué la personne qui me donna la clé de cette chambre. Et vous devez comprendre pourquoi j'ai réagi avec un tel excès. Comme vous le savez, je suis une triplée. Et c'était un cauchemar que de naître triplée — surtout à cette époque ! Nous avions les mêmes chaussures, les mêmes robes, les mêmes vêtements, les mêmes rubans, et le même carnet de correspondance parce que nos professeurs ne savaient jamais qui était qui — ce pourquoi ils nous donnaient toujours la même note !

Nous avions aussi les mêmes pots de chambre. Et nous devions faire notre pipi à la même heure *(rires)*. Nous ne pouvions pas non plus quitter la table tant que l'une d'entre nous n'avait pas fini de manger *(rires)*. Je vous assure que c'est une bénédiction pour moi d'avoir aujourd'hui une salle de bains à ma disposition chaque fois que je me déplace — les avantages de la célébrité ! Naturellement, si je n'avais pas été une triplée, je n'y aurais même jamais fait attention — ce qui, d'une certaine manière, m'a préparée à mes tâches futures.

Lorsque, durant votre enfance, vous n'avez jamais eu le moindre espace à vous, vous comprenez immédiatement les besoins des autres dans ce domaine. Ainsi, au moment même où je suis entrée dans cette pièce, j'ai su que cet « escroc » (d'emblée, je l'avais surnommé ainsi) avait renvoyé toutes les jeunes filles chez elles pour Pâques — afin de louer leurs chambres et de gagner ainsi quelques milliers de dollars. Je pouvais à la rigueur admettre que cet homme ait eu envie de se faire un joli pécule, mais ce que je ne pouvais lui pardonner, c'était de n'avoir pas prévenu ces adolescentes que d'autres personnes allaient occuper leurs chambres. Car n'importe quelle mère sait très bien que ses gosses ne laissent pas certains objets sur la table lorsqu'ils savent que quelqu'un d'autre va loger dans leur chambre...

Aussi avais-je l'impression de pénétrer dans un espace privé, dans le domaine sacré d'un enfant. Et je sentais que je ne parviendrais pas à m'y installer. J'étais *furieuse*.

Par ailleurs, cet homme avait commis une autre faute : il s'était invité de lui-même à mon atelier. J'éprouvais une telle haine envers lui que je n'ai même pas pu lui dire non. Lors du premier repas, alors qu'il se tenait debout à l'extrémité de la table où *mon* groupe se sustentait, il m'a dit avec un sourire mielleux : « Votre groupe mange trop. » Et vous savez ce que j'ai fait ? Moi, une adepte de l'amour inconditionnel ? Je suis allée voir chacun des participants, et je les ai invités à manger encore plus : « N'aimeriez-vous pas finir ce plat de spaghettis ? Et que diriez-vous de ces dernières boulettes de viande ? Nous n'allons tout de même pas laisser quelque chose. Allez, une petite feuille de salade ! Et il reste encore un biscuit ! » C'était devenu une véritable obsession. J'avais décidé de ne pas quitter la table tant qu'il y resterait une miette de pain. Je voulais ma revanche *(rires)*.

Mais, à ce moment-là, je ne m'en rendais pas compte. C'était plus fort que moi : « Je vais montrer à ce sale type que *mon* groupe est vraiment capable de manger. » Et ceux qui se resservaient quatre fois, je les aimais quatre fois plus. J'agissais comme une idiote, mais je ne pouvais pas m'arrêter.

Après dîner, nous avons donné aux participants une feuille de papier et une boîte de crayons de couleur. Et le plus négligemment du monde, notre hôte nous a annoncé : « C'est dix cents par feuille de papier. » Une école parfaite ! Soixante-neuf cents pour *utiliser* une boîte de crayons. Vingt-cinq cents pour chaque tasse de café. Et cela a duré comme ça toute la semaine. Cinq cents par-ci, dix-sept cents par-là...

Le mercredi, j'ai parlé de l'amour inconditionnel. Mais je ne pouvais pas regarder ce type dans les yeux, car alors il se serait certainement passé quelque chose *(rires)*. Et j'étais littéralement vidée. Plus j'essayais de refouler mes sentiments, plus j'étais épuisée. Et je ne comprenais pas ce qui se passait en moi.

Le même jour, je me suis rendu compte que je

commençais vraiment à fantasmer. J'imaginais notre hôte découpé en rondelles *(rires)* !

Le jeudi, je recouvrais méticuleusement chacune de ces rondelles avec de la teinture d'iode *(rires)*. Et le vendredi... je ne m'en souviens plus, mais ça devait être assez épouvantable...

A minuit, ce même jour, l'atelier prit fin. Un franc succès — mais j'étais à bout. Je n'avais plus la moindre énergie. Alors que, en temps normal, je travaille sept jours par semaine, dix-sept heures par jour, en conservant tout mon allant.

C'était comme si quelqu'un avait mis en branle — à mon insu — l'Hitler qui sommeillait en moi. Jamais je ne m'étais sentie aussi négative, aussi minable, aussi mauvaise. Aussi ai-je quitté l'endroit au plus vite avant de commettre un homicide *(rires)*.

En me dirigeant vers l'avion, je pouvais à peine marcher. J'étais à bout de forces. J'avais l'intention de me rendre d'abord en Californie, où je devais rencontrer quelques amis, puis de revenir à Chicago pour y passer un joyeux dimanche de Pâques. Dans l'avion, je ne cessai de m'interroger : « Qu'est-ce que ce type a pu toucher en moi ? Qu'a-t-il donc réussi à faire ? »

Lorsque l'avion a atterri en Californie, j'ai soudain pris conscience de mon aversion profonde envers les avares, les « grippe-sous ». Si cet homme avait été assez honnête pour reconnaître qu'il avait sous-estimé le coût de la location, nous lui aurions donné deux mille dollars de plus — et sans rechigner. Mais c'était précisément la petitesse de son avarice qui me le rendait détestable.

Et je ne savais toujours pas ce qu'il y avait derrière tout cela. Je n'en avais aucune idée.

Toute personne qui souhaite travailler dans le cadre de Shanti Nilaya doit tenir deux engagements précis. En premier lieu, elle ne doit jamais demander d'argent. En second lieu, elle doit impérativement — chose bien plus difficile à accomplir — se délivrer de l'Hitler qui sommeille en elle. Nul ne peut en effet prêcher sans pratiquer. Quoi qu'il y eût au fond de moi, il me fallait donc m'en affranchir.

Nous observons également une autre règle : ne jamais demander quelque chose plus de trois fois. La raison ? Si vous demandez quelque chose à une personne plus de trois fois, vous la privez de son libre arbitre. Car elle doit avoir le *choix* de vous répondre librement.

Aussi, quand j'ai retrouvé mes amis en Californie, je me suis dit que je m'en tirerais sans doute à peu de frais — à savoir qu'ils ne me poseraient pas plus de trois questions sur l'atelier. Naturellement, dès que je suis arrivée, quelqu'un m'a demandé : « Alors, comment s'est passé cet atelier ? » Et moi, de répondre : « Merveilleux ! »

« Vraiment ? » a renchéri un autre, qui avait sans doute trouvé ma réponse un peu trop forcée. J'ai alors ajouté deux autres épithètes à mon « merveilleux », mais ça ne sonnait toujours pas juste. Enfin, mes chers amis m'ont fait la pire chose qu'on puisse faire à une personne agressive : redoubler de douceur avec elle. Ils ont posé leurs mains sur ma tête et m'ont demandé, de la façon la plus *adorable* qui soit : « Raconte-nous un peu tes lapins de Pâques ! »

Alors, j'ai complètement explosé. Et je me suis écriée :

« Mes lapins de Pâques ! Vous plaisantez, ma parole ! J'ai cinquante ans. Je suis médecin. Je suis psychiatre. Je ne crois plus aux lapins de Pâques, moi ! » Et j'ai continué ainsi, d'une façon complètement délirante : « Si vous voulez parler à vos patients de cette façon-là, c'est *votre* choix, mais *pas* avec moi. » Et à la seconde même où j'ai dit « pas avec moi », j'ai commencé à sangloter. Et j'ai pleuré ainsi pendant huit heures.

Et tout ce qui restait en souffrance au fond de moi, refoulé depuis presque un demi-siècle, s'est soudain déversé, déversé, déversé — comme un fleuve sans fin. Et alors que j'exprimais ainsi mon angoisse, mon chagrin, mon sentiment d'injustice, les souvenirs sont revenus à la surface — comme c'est toujours le cas lorsque vous vous videz de vos émotions. A mesure que jaillissaient ces émotions étouffées, je me rappelais certaines scènes de mon enfance.

Ma première sœur était toujours sur les genoux de mon père. Quant à mon autre sœur, elle réquisitionnait ceux de ma mère. Et il n'y avait pas de troisième giron. Je devais attendre — Dieu sait combien de temps — qu'une place se libère. Mais comme mes parents ne me prenaient jamais la première sur leurs genoux, j'ai commencé à *les* rejeter — car je ne pouvais supporter une telle injustice. Et je suis devenue une petite fille arrogante, bien décidée à marquer son indépendance : « Je n'ai pas besoin de *vous*. Ne me touchez pas. »

Nous élevions des lapins à la maison. Et ces lapins étaient devenus mes compagnons. Je sais aujourd'hui qu'ils étaient les seules créatures capables de me différencier de mes sœurs, car je les nourrissais et ils accouraient toujours dès que je venais les voir. Je les aimais au-delà de tout. Je suis persuadée que les êtres humains pourraient être élevés par des animaux. J'en suis absolument convaincue.

Mon problème, c'est que mon père était économe — comme le sont tous les Suisses, du reste. Econome, mais pas avare. J'espère que vous voyez la différence *(rires)*.

Tous les six mois, il manifestait le désir de manger un rôti. Il avait naturellement les moyens d'acheter n'*importe quel* rôti, mais *il* voulait un rôti de lapin. Il y a cinquante ans, les parents ne plaisantaient guère avec l'autorité. Aussi, un beau jour, m'ordonna-t-il de prendre un de mes lapins et de l'apporter au boucher. Et *moi,* je devais choisir — à l'instar d'un bourreau — l'un de mes chers compagnons, mais lequel ? Oui, je devais choisir l'un de mes lapins, le prendre avec moi et marcher dans les montagnes pendant une demi-heure jusqu'à la ville. Imaginez-vous une chose plus épouvantable ? Ensuite, je devais le laisser au boucher — qui, après un moment, me remettait un grand sac en papier contenant une viande encore chaude. Et je devais transporter cette viande à travers les collines jusqu'à la cuisine de ma mère. Puis, je n'avais plus qu'à m'asseoir à la table familiale pour les regarder dévorer mon lapin chéri.

Comme j'étais une petite fille qui dissimulait son sentiment d'insécurité et d'infériorité sous une carapace orgueilleuse, je pris bien soin de ne pas leur montrer à quel point ils m'avaient blessée (« Puisque vous ne m'aimez pas, je ne vous dirai pas comme vous m'avez fait mal. ») Je n'ai pas élevé la voix. Je n'ai pas pleuré. Je n'ai *jamais* partagé avec un autre être humain ma souffrance, mon angoisse et ma torture. J'ai tout gardé à l'intérieur.

Il m'a fallu six mois pour guérir — jusqu'au lapin suivant...

Et les souvenirs ont continué d'affluer, et les larmes de couler. J'eus six ans et demi, à nouveau. Et je me revis comme si c'était hier à genoux dans l'herbe avec mon dernier lapin — Noiraud, mon favori. Nourri avec de jeunes feuilles de pissenlit, il était absolument superbe, noir comme le jais. Et moi, je le suppliais de partir — mais il m'aimait tant qu'il ne voulait pas bouger. Finalement, j'ai dû l'emmener lui aussi.

Je suis donc allée voir le boucher. Au bout d'un moment, il est revenu avec le sac en papier et il m'a dit : « Quelle idiotie d'avoir apporté ce lapin aujourd'hui ! Vous auriez attendu un ou deux jours de plus, et *elle* vous aurait donné des petits. » Je ne savais pas qu'il s'agissait d'une lapine.

Je rentrai chez moi en marchant comme un robot. Depuis, je n'ai plus jamais eu de lapin.

Et jamais je n'avais partagé avec quiconque ma douleur et mon angoisse.

Aujourd'hui — en tant que psychiatre —, je comprends que, après le sacrifice du dernier lapin, j'ai dû mettre un couvercle sur tout cela, sur mes sanglots et mes hurlements intérieurs. Et chaque fois que je croisais une personne « économe », j'appuyais sur le couvercle encore plus fort.

Un demi-siècle plus tard, j'ai donc rencontré cet harpagon. Et je l'ai presque tué. Pas seulement sur le plan symbolique ! *(Rires. Elisabeth répond.)* Vraiment, vous devez le savoir. Si, le vendredi matin, il m'avait demandé un dollar de plus, il serait mort — et je serais en prison (*rires*). Et je ne crois pas qu'il s'agit d'une plaisanterie. J'étais au bout du rouleau, et mes défenses commençaient à s'effondrer de toute part.

Dieu merci, nous avions mis au point dans nos ateliers une méthode d'expression efficace. Ainsi, en donnant libre cours à mes émotions devant mes amis de Californie, j'ai pu établir certaines corrélations et comprendre l'origine de mon aversion envers les « hommes avares ». Si j'en croise un aujourd'hui, je sais que c'est son problème — et non plus le mien.

## Le diagnostic des lapins noirs

Pleine de reconnaissance envers mes amis qui m'avaient permis de diagnostiquer la nature de mon blocage, je suis revenue à Hawaï. Là, nous avons demandé au directeur d'une prison si nous pouvions travailler avec les détenus — afin de diagnostiquer le « lapin noir » qui se trouvait en chacun d'eux. Cela a pris longtemps avant qu'ils nous fassent confiance. Mais, pour finir, nous avons obtenu l'autorisation de faire ce que nous voulions. Il y a deux ans, nous avons ainsi pris en charge notre premier criminel — ou prétendu tel. Cet homme se sert aujourd'hui de sa propre expérience, de sa propre souffrance, pour aider les adolescents à ne pas finir en prison.

Lorsque j'ai raconté pour la première fois l'histoire de mon lapin noir à des détenus, un vieil homme m'a demandé : « N'avez-vous pas peur d'être au milieu de tous ces criminels ? » Et j'ai répondu : « Si vous êtes un criminel, j'en suis un aussi. » Et vous comprenez, je l'espère, que je ne plaisantais pas. Car cette possibilité existe en chacun de nous.

Au moment où je finissais de raconter mon histoire, un très jeune homme qui aurait pu être mon fils (il n'avait pas encore de barbe) se leva d'un bond et dit : « Mon Dieu, je sais maintenant pourquoi je suis en prison. »

Et il nous a parlé de sa vie.

Un jour, à l'âge de quatorze ans et demi, alors qu'il se trouvait à l'école, il ressentit une impulsion irrésistible : il fallait qu'il rentre chez lui au plus vite. Lorsque vous éprouvez une telle impulsion, elle provient sans aucun doute de votre quadrant intuitif — et jamais de votre intellect. Qu'un si jeune homme fût ouvert à ce genre de perception constituait pour moi un fait positif : cela signifiait qu'il avait été élevé dans une atmosphère de tendresse et d'amour.

N'écoutant que son intuition, il se précipita donc chez lui. Il entra directement dans la salle de séjour — où les enfants hawaïens ne vont pas d'ordinaire —, et il vit son père étendu sur un divan, le visage complètement gris. Il l'aimait tant qu'il n'eut même pas besoin de crier ou d'appeler quelqu'un. Il s'assit simplement devant lui et le prit dans ses bras.

Au bout de dix minutes, il se rendit compte que son père avait cessé de respirer. Ce fut pour lui un moment de paix si intense qu'il ne put se résoudre à aller chercher quelqu'un. Non, il voulait juste rester assis encore un instant auprès de son père.

À ce moment-là, la grand-mère fit irruption dans la pièce. C'était un être jaloux et dévoré d'envie. Elle se mit à hurler, accusant le jeune homme de n'avoir pas secouru son père. Mais celui-ci ne répondit pas à ses accusations. « C'était pour moi un moment sacré », nous a-t-il dit.

Trois jours plus tard, durant les funérailles, auxquelles assistaient toute la famille et l'ensemble de la communauté, la grand-mère, qui avait complètement perdu la tête, accusa de nouveau le jeune homme de la mort de son père. Mais celui-ci continua de garder son calme, car il ne voulait pas gâcher les funérailles.

Deux ans et demi plus tard, devant une épicerie, ce jeune homme-là braquait un fusil à canon scié sur la tempe d'une vieille femme à l'allure misérable. Au bout d'un long moment, il regarda le visage de cette vieille et s'écria tout à coup : « Mon Dieu, qu'est-ce que je fais ici ? Je ne veux pas vous faire de mal. » Il s'excusa, jeta son fusil et courut chez lui.

Mais au sein d'une communauté, il n'est pas difficile de rattraper les fuyards. On l'a condamné à vingt ans de prison.

Il n'existe pas de mauvais homme. Connaissez-vous ce livre qui reproduit des lettres d'enfants écrites à Dieu ? L'une de ces lettres dit : « Dieu n'a rien créé de sale. » Chaque être est né parfait. Si votre quadrant physique est imparfait, votre quadrant spirituel, lui, sera ouvert à cent quatre-vingts degrés. Oui, tous les hommes sont parfaits. Et s'ils perdent cette perfection, c'est parce qu'ils n'ont pas été suffisamment aimés et compris.

Aussi, en ce jour de Pâques, jour des plus propices à ce travail sur soi, j'espère que vous découvrirez votre propre lapin noir. Alors, quand vous croiserez quelqu'un que vous détestez, essayez de le comprendre et non de le juger.

*(D'une voix chaleureuse et enjouée.)* Merci à vous tous et joyeuses Pâques ! *(Applaudissements.)*

# Table

# «ÉSOTÉRISME ET SPIRITUALITÉ»

## Collection dirigée par Laurence E. Fritsch

Les titres suivis d'un astérisque * sont inédits
Les titres suivis d'un § sont des traductions

**Choisir la voie de l'être**
**Une collection pour prendre le temps de méditer sur le sens de sa vie et se donner les moyens de vivre celle-ci pleinement et sans dépendance.**

## DÉCOUVRIR LES
## GRANDES TRADITIONS SPIRITUELLES

### Le Bouddhisme tibétain

**Berchulz Samuel et Sherab Chözin Kohn**
*Pour comprendre le bouddhisme*
Un voyage initiatique à travers les textes essentiels et les différentes écoles.

**Sa Sainteté le XIVᵉ Dalaï Lama**
*La lumière du Dharma*
Classification des grands principes du bouddhisme tibétain et l'essentiel de la doctrine.

*Un océan de sagesse* §*
Une initiation à la démarche bouddhiste.

*Le monde du bouddhisme tibétain*
L'exposé définitif de la pensée et de la pratique bouddhistes conformément à la tradition tibétaine par son autorité suprême.

*Samsara*
Se libérer de la souffrance, combattre l'intolérance par la non-violence.

**Avec Jean-Claude Carrière**
*La force du bouddhisme*
Quand le chef spirituel du bouddhisme parle des grands problèmes de notre temps, de la mort et de la réincarnation.

**Avec Fabien Ouaki**
*La vie est à nous*
Quand le maître spirituel du bouddhisme parle de notre vie quotidienne.

**Kyra Pahlen**
*Bouddha, le roman de sa vie*

**Thich Nhat Hanh**
*Sur les traces de Siddharta*
Un roman initiatique lumineux où l'on chemine aux côtés du Bouddha comme un simple disciple en suivant son enseignement. Un best-seller par un maître spirituel de renommée internationale.

**David-Néel Alexandra**
*Au pays des brigands gentilshommes*
*Le bouddhisme du Bouddha*
*Immortalité et réincarnation*
*L'Inde où j'ai vécu*
*Journal tome 1 et 2*
*Le lama aux cinq sagesses*
*La lampe de sagesse*
*Magie d'amour et magie noire*
*Mystiques et magiciens du Tibet*
*La puissance du néant*
*Le sortilège du mystère*
*Sous une nuée d'orages*
*La vie surhumaine de Guésar de Ling*
*Voyage d'une Parisienne à Lhassa*

# Le bouddhisme zen

**Crépon Pierre Dokan \***
*Pratiquez le zen*
Le guide du zen en France. Un ouvrage de référence et une transmission authentique par un moine zen enseignant en France.

**Joko Beck Charlotte §\***
*Soyez zen*
Un ouvrage devenu un classique qui explique aux Occidentaux dans leur langage les bienfaits du zen au quotidien.

**Joko Beck Charlotte §\***
*Vivre zen*
Donner un sens à chaque acte pour faire de la vie une communion et non un combat.

# Le taoïsme

**Cleary Thomas §\***
*Le secret de la fleur d'or*
Première traduction intégrale du grand classique taoïste « Le livre de vie » qui inspira l'œuvre de Carl G. Jung.

**Cleary Thomas §\***
*Les pensées de Confucius*
Nouvelle traduction commentée des célèbres aphorismes. L'essentiel de l'enseignement du grand philosophe d'une étonnante modernité.

# Le soufisme

**Bernard Jean-Louis et Bernard Duboy**
*Mehdi, l'initiation d'un soufi*
Un conte initiatique lumineux au cœur de la sagesse orientale.

**Feild Reshad**
*La voie invisible*
Un superbe récit initiatique qui montre le cheminement d'un homme d'aujourd'hui sur la voie soufie au fil des rencontres amicales, amoureuses et spirituelles.

**Ibn'Arabi**
*Voyage vers le maître de la puissance*
Un grand classique. Le manuel de méditation du chef spirituel du soufisme.

**Shah Idries**
*Sages d'Orient*
Un grand classique. Récits et contes traditionnels de l'enseignement soufi.

# Le christianisme
A paraître en 1999

# La spiritualité amérindienne

**Bear Sun et Wabun**
*La roue de la médecine*
La vision amérindienne du cosmos et du zodiaque, les animaux, végétaux et minéraux totems pour tous les signes et les quatre saisons.

**Eastman Charles A §***
*L'âme de l'Indien*
Un destin d'exception et un itinéraire spirituel au service de la nation indienne.

**Nerburn Kent §***
*Paroles des sages d'Amérique du Nord*
Une encyclopédie de la sagesse amérindienne pour retrouver le sens du sacré.

# Le chamanisme

**Castaneda Carlos**
*L'art de rêver – Les quatre portes de la perception de l'univers*
Un voyage dans les méandres de l'inconscient qui rend possible l'accès à d'autres espaces et le «passage à l'infinité». Un best-seller.

**Hardy Christine**
*La connaissance de l'invisible*
Une approche ethnologique et psychologique de l'autre réalité.

**Harner Michael**
*La voie spirituelle du chamane*
Un grand classique, passionnant témoignage vécu, initiation au voyage chamanique par un anthropologue américain.

**Grim John A §***
*Chamane, guérisseur de l'âme*
Une étude fondamentale sur les phénomènes de transe, sur le dialogue avec le cosmos et sur les rites de guérison chamaniques sibériens et ojibwas.

**Jaoul de Poncheville Marie**
*Molom – Le chamane et l'enfant*
Un superbe conte initiatique dans la steppe mongole de la veine du «Petit Prince».

**Kharitidi Olga**
*La chamane blanche*
Lorsqu'une psychiatre russe combattant la puissance du chamanisme découvre les pratiques de celui-ci au point d'intégrer cette magie à l'exercice quotidien de son métier.

**Meadows Kenneth**
*L'envol de l'aigle*
Réapprendre le rythme de la nature et communier avec elle grâce aux pratiques traditionnelles des chamans du monde entier.

**Mercier Mario**
*L'enseignement de l'arbre maître*
Une vision chamanique de l'univers qui nous invite à un retour en nous-mêmes car nous sommes le reflet du monde de la nature. L'homme est un arbre qui tend vers le ciel.
4806 – 5 – Albin Michel – avr 97.

**Wesselman Hank**
*Celui qui marchait avec les esprits*
Le récit extraordinaire de l'histoire vécue par un professeur d'anthropologie au cours de voyages chamaniques et qui lui a permis de communiquer avec le futur. Le nouveau Castaneda. Un livre exeptionnel.

# Les traditions occidentales

**Blum Jean**
*Mystère et message des Cathares*
Hérésie ou religion de la liberté individuelle. Un ouvrage de vulgarisation de la pensée cathare.

**Jacq Christian**
*Le voyage initiatique*
La transmission authentique d'un maître d'œuvre qui commente les trente-trois degrés de la sagesse inscrits dans le portail de la Vierge de la cathédrale de Metz.

**Thorsson Edred** §*
*La magie des runes*
Communiquer avec les dieux grâce à l'alphabet secret et sacré des Vikings.

# L'Égypte ancienne

**Jacq Christian**
*La sagesse égyptienne*
Une approche de la culture et de la spiritualité pharaoniques.

**Thibaux Jean-Michel**
*Pour comprendre l'Égypte ancienne*

# Le tantrisme

**Odier Daniel**
*Tantra*
Pour la première fois, un initié au tantrisme shivaïte dévoile les pratiques et les rites de l'érotisme sacré où sexualité et mystique ne font qu'un. Un récit envoûtant.

# BÂTIR UN PONT
## ENTRE ORIENT ET OCCIDENT

**Crépon Pierre Dokan**
*Le bouddhisme et la spiritualité orientale*
Le dictionnaire indispensable de toutes les notions et écoles de la spiritualité orientale.

**Dürckheim Karlfried Graf**
*Pratique de l'expérience spirituelle*
Un grand classique sur la découverte de l'être intérieur et la quête du sens de sa vie.

**Fontaine Janine Dr**
*La médecine des chakras*
Un ouvrage de référence qui introduit avec efficacité l'ésotérisme en médecine.

**Fontaine Janine Dr**
*Notre quatrième monde*
Quand le « corps-onde » vient secourir le corps physique. Un ouvrage qui bouleverse notre conception de la médecine

**Fontana David §\***
*Le livre de la méditation*
Le guide indispensable pour explorer toutes les techniques de méditation et choisir son chemin vers la sénérité.

**Pauwels Louis \***
*L'apprentissage de la sérénité*
Un livre lumineux qui montre que rien n'est plus précieux pour l'homme que sa richesse intérieure.

**Smedt Marc de**
*Le rire du tigre*
Un témoignage exceptionnel sur la vie auprès du maître Taïsen Deshimaru qui introduisit le zen en Occident dans les années 70.

**Solt Bruno**
*Mystiques et maîtres spirituels contemporains*
Un ouvrage de référence et un guide indispensable à l'attention de ceux qui cherchent.

**Talbot Michael §\***
*L'univers est un hologramme*
Une enquête passionnante montrant que les découvertes scientifiques récentes dans le domaine de la parapsychologie – et leurs consé-

quences sur la perception du vécu et de la réalité – confirment les dires des mystiques de toutes les traditions.

# SE PRÉPARER À LA MORT ET ACCOMPAGNER LA FIN DE VIE

**Hennezel Marie de**
*La mort intime – Préface de François Mitterand*
« Ceux qui vont mourir nous apprennent à vivre ». Un best-seller mondial sur l'accompagnement des mourants.

**Denaux Garance \***
*La mort accompagnée*
Un témoignage émouvant de trois cas d'accompagnement et des conseils aux familles pour trouver les mots et les gestes.

**Kübler-Ross Elisabeth Dr**
*La mort, dernière étape de la croissance*
Convergences et divergences des différents regards que les religions et les philosophies du monde entier portent sur la mort en tant qu'étape d'évolution spirituelle.

**Kübler-Ross Elisabeth Dr**
*La mort est un nouveau soleil*
Des témoignages saisissants prouvant que la mort est le passage à un autre état de conscience.

**Martino Bernard**
*Voyage au bout de la vie*
Un document exeptionnel sur l'accompagnement des mourants aujourd'hui en France par le réalisateur du *Bébé est une personne*.

# DIALOGUER AVEC L'AU-DELÀ

**Barbarin Georges**
*L'après-mort*
Une encyclopédie des différentes conceptions de l'au-delà dans les grandes traditions.

**Desjardins Denise**
*La mémoire des vies antérieures*
Des témoignages exceptionnels de scientifiques et de médecins à la suite de séances de « lying » pratiquées en Inde avec des maîtres authentiques.

**Drouot Patrick**
*Nous sommes tous immortels*
Un grand classique sur le voyage avant la vie et ses conséquences thérapeutiques pour l'homme d'aujourd'hui.

**Drouot Patrick**
*Des vies antérieures aux vies futures*
Revivre le passé permet-il de se projeter dans le futur ? Réflexions d'un physicien français voyageur du temps.

**Drouot Patrick**
*Guérison spirituelle et immortalité*
Parce que l'être humain peut se mettre en résonance avec le champ vibratoire d'autrui, les pouvoirs de l'esprit peuvent guérir le corps. La maladie n'est plus une fatalité mais une crise de transformation ou émergence spirituelle.

**Eadie Betty J.**
*Dans les bras de la lumière*
Un témoignage lumineux sur l'au-delà : la rencontre des anges et du divin a bouleversé la vie de l'auteur. Un best-seller mondial.

**Guillo Alain**
*À l'adresse de ceux qui cherchent*
Dans la solitude d'une prison afghane, le témoignage lumineux d'un journaliste sauvé par son dialogue avec l'au-delà.

**Kastenbaum Robert**
*La réincarnation est-elle possible ?*
Tous les arguments pour et contre une vie après la mort étayés par les travaux des plus grands scientifiques.

**Ragueneau Philippe**
*L'autre côté de la vie*
Le témoignage bouleversant d'un homme qui continue de communiquer avec son épouse Catherine Anglade par-delà la mort. Un best-seller.

**O'Jacobson Nils**
*La vie après la mort ?*
Un grand classique sur les pionniers de la recherche dans le domaine de la parapsychologie.

**Osis K. et Haraldsson E.**
*Ce qu'ils ont vu au seuil de la mort*
Une passionnante enquête scientifique internationale avec des témoignages d'expériences proches de la mort (NDE).

**Renard Hélène**
*L'après-vie*
Quatre expériences vécues ici-bas prouvant la vie après la mort. Un best-seller.

**Stephens Elaine §***
*Vos vies antérieures*
Une méthode simple, l'autohypnose, pour découvrir qui vous avez été et comprendre qui vous êtes aujourd'hui.

# MIEUX SE CONNAÎTRE ET RETROUVER L'HARMONIE

**Beattie Melody**
*Vaincre la codépendance*
Comment reconnaître et maîtriser les processus de la dépendance à une drogue, au travail ou à autrui.

**Borrel Marie et Mary Ronald ***
*Guide des techniques du mieux-être*
Un guide pratique pour choisir la technique de développement personnel qui vous convient.

**Borrel Marie et Mary Ronald ***
*Guide des médecines différentes*
Soixante autres façons d'envisager la santé. Un guide pratique pour tout connaître sur les médecines holistiques, leur mode de fonctionnement et leur spécificité thérapeutique.

**Chun-Tao Cheng Stephen §***
*Le tao de la voix*
Maîtriser le souffle et la voix est le premier pas vers l'éveil de soi.

**Edde Gérard***
*L'énergie curative des couleurs*
Une méthode de santé taoïste inédite rendue accessible à tous.

**Filliozat Isabelle**
*Trouver son propre chemin*
Au fil de soixante situations quotidiennes, une psychothérapeute nous aide à explorer nos cinq sens, nos rêves, nos projections, nos phobies et nos espoirs pour retrouver la confiance en soi. Un best-seller.

**Kerforne P. et Questin M.-L.** *

*Guide de la joie permanente*

Du rêve lucide à la méditation, du yoga druidique à l'autohypnose, de l'apprentissage du silence au « gai-rire », des outils pour découvrir sa richesse intérieure.

**Khaitzine Richard** *

*Transformez vos rêves en réalité*

Des expériences guidées de visualisation créatrice pour réussir sa vie tant au plan affectif que professionnel.

**Holley Germaine**

*Comment comprendre votre horoscope*

Un grand classique pour s'initier à l'astrologie, science de connaissance de soi et d'évolution.

**Leygues Anne-Béatrice**

*Do In la voie de l'énergie*

Une technique douce d'automassage pour réharmoniser ses énergies.

**Louvigny Philippe de** *

*Trouvez votre partenaire grâce à la numérologie*

La méthode Louvigny appliquée aux affinités électives.

**Monroe Robert A.**

*Le voyage hors du corps*

L'ouvrage de référence sur les techniques de projection spatio-temporelle par le pionnier en ce domaine.

**Morando Philippe**

*Maîtrisez votre destin*

Des repères pour comprendre la cause de ses échecs et vivre au quotidien la pensée positive.

**Nichols Rosana** *

*Vivre la voyance*

… telle une vocation et une mission d'aide à autrui.

**Panafieu Jacques de**

*La rebirth-thérapie*

Revivre sa naissance grâce à une technique particulière de respiration pour dénouer ses tensions intérieures.

**Raquin Bernard** *

*Comment sortir de son corps*

Réussir la maîtrise du voyage astral et l'utiliser à des fins positives.

**Salvatge Geneviève\***
*Décodez vos rêves*
Un ouvrage très original qui permet d'interpréter soi-même ses rêves en les intégrant au vécu.

**Salvatge Geneviève\***
*Un prénom à vivre*
Lire, entendre, dessiner son prénom, en percevoir les résonances chez autrui pour mieux en comprendre le message et la fonction.

**Siegmund Cora et Harry §\***
*Atteindre son but*
Mieux communiquer et faire passer son message grâce à une technique inspirée de la programmation neuro-linguistique.

**Volkmar John §\***
*Ces pouvoirs qui sont en vous*
Des exercices pratiques à la portée de tous.

*Achevé d'imprimer en janvier 2000
sur les presses de l'Imprimerie Bussière
à Saint-Amand (Cher)*

POCKET - 12, avenue d'Italie - 75627 Paris Cedex 13
Tél. : 01-44-16-05-00

— N° d'imp. 154. —
Dépôt légal : février 2000.

*Imprimé en France*